FENG SHUI

FENG SHUI

DER HARMONISCHE WEG

Dieses Buch soll dem Einzelnen als Anregung dienen. Für seine Handlungen ist der Einzelne jedoch selbst verantwortlich. Eine Haftung des Verlages für Umstände, die aus oder im Zusammenhang mit der Nutzung des Buches resultieren, ist ausgeschlossen. Insbesondere ersetzt dieses Buch keine professionelle oder psychologische Hilfe bei Krankheiten und sonstigen Beschwerden.

Bildquellenverzeichnis: Getty Images: 75, 100, 148/149, 199, 202, 242; Hamberger Industriewerke, Rosenheim: 262; Ingram: 15, 23, 26/27, 83, 107, 126, 134, 159, 205, 209, 220, 257, 277, 281; JAB Anstoetz/Club Creation CC Wohndecor, Bielefeld: 104, 140, 186, 237; Leonardo, Bad Driburg: 95; M. Tomek, München: 2, 10, 35, 61, 70/71, 249; Manufactum, Waltrop: 180; Osborne & Little, München: 117, 229; Stockbyte: 49; Twinbooks, München: 39, 43, 87, 108, 212, 267.

Feng Shui. Der harmonische Weg

Autor: Martin Moosbach
Einbandgestaltung: ulrike jasser.kommunikationsdesign, Heinsberg
Einbandabbildung: Monika Dietsch/Shotshop.com
Produktion und Redaktion: twinbooks, München
Gesamtherstellung: area verlag gmbh, Erftstadt
Printed in China 2007

ISBN 978-3-8361-1208-6

www.area-verlag.de

INHALT

VORWORT

Das Interesse an der östlichen Weisheit und am traditionellen asiatischen Lebensstil boomt und so findet auch die Feng-Shui-Lehre immer mehr Anhänger in aller Welt. Wer es sich leisten kann, engagiert einen Feng-Shui-Berater, der vorhandene Wohnanlagen umstrukturiert oder neue Wohnungen oder Häuser mit dem Ziel plant, die Wohnräume zu einem Ort der Freude und der Regeneration zu machen. Vor allem bei der Errichtung von Neubauten wird mittlerweile auch hierzulande auf die Verträglichkeit mit den Prinzipien des Feng-Shui geachtet. Inzwischen wurden die Maßnahmen und Hilfsmittel, die im Feng Shui zur Harmonisierung der Wohnumgebung dienen sollen, so den Bedürfnissen der westlichen Welt angepasst, dass sie sich hervorragend in unseren Alltag einfügen, ohne fremdartig oder gar unpassend zu wirken.

Woher kommt jedoch dieses Interesse an den alten asiatischen Lehren? In der Hektik des alltäglichen Geschehens sehnen wir uns immer öfter nach der Einheit mit der Natur sowie nach Ruhe und Geborgenheit in den eigenen vier Wänden. Viele Menschen streben nach diesem Einklang mit der Natur und wünschen sich darüber hinaus eine harmonische Partnerschaft, Glück und Geborgenheit, Erfolg und Gesundheit.

Wir sind daher oftmals auf der Suche nach einer leicht anzuzapfenden Energiequelle, die verloren gegangen zu sein scheint. Langsam entwickeln wir wieder ein Gespür für die uralten Zusammenhänge des Lebens, die unsere Vorfahren schon vor langer Zeit entdeckten. Die jahrtausendealte fernöstliche Lehre des Feng Shui kennt diese Engergiequelle, nach der wir oft suchen und die sich in den letzten Jahren vielen begeisterten Anhängern zufolge bewährt hat.

Mit Hilfe von Feng Shui werden Ihnen eine Vielzahl von Hilfsmitteln an die Hand gegeben, um Ihr Zuhause und Ihre Wohnumgebung so zu gestalten, dass sie sich positiv auf Ihr Wohlbefinden auswirken. Was in China bereits seit Jahrtausenden eine Selbstverständlichkeit ist, dass nämlich alles mit allem verbunden ist und dass den Menschen bestimmte Faktoren aus seinem Umfeld positiv oder negativ beeinflussen, spüren einige Sensible auch heutzutage manchmal noch. Die meisten Menschen kennen das Gefühl, sich in einer speziellen Umgebung aus unerklärlichem Grund nervös und angespannt zu fühlen, und viele von uns haben schon einmal die Erfahrung gemacht, sich nach einer Entrümpelung und Ummöblierung ihrer Wohnung oder ihres Hauses viel entspannter und in ihren eigenen vier Wänden wohler zu fühlen als zuvor.

Dasselbe gilt auch für kleinere Bereiche: Probieren wir zum Beispiel ein Kleidungsstück in einer speziellen Farbe, die uns nicht entspricht, an, stellt sich Unbehagen ein. Andere Dinge, wie Licht, das sich in einem Kristall fängt, erzeugen bei fast allen Menschen ein angenehmes Gefühl der Wärme. Feng Shui berücksichtigt sowohl die Tatsache, dass alle Lebewesen sich in bestimmten Situationen ähnlich verhalten und Ähnliches empfinden als auch die Tatsache, dass verschiedene Dinge eben doch nicht auf jeden gleich wirken.

Sicher ist der moderne Mensch längst kein Naturmensch mehr. Im Gegensatz zu Tieren, die ihrem siebten Sinn stets folgen, fehlt uns häufig das Gespür für eine möglicherweise negative Umgebung, da wir uns auf vermeintlich wichtigere Dinge konzentrieren und dabei manchmal vergessen, was uns gut tut. Dennoch kennt niemand die eigenen Bedürfnisse besser als er selbst.

Nicht nur in der Wohnung, auch im Garten und am Arbeitsplatz lassen sich nach den Prinzipien des Feng Shui gezielt einfache Methoden anwenden, um die eigene Umwelt zu harmonisieren. In diesem Feng-Shui-Ratgeber finden Sie außerdem zahlreiche Anregungen für eine Wohnungseinrichtung, die Sie Ihrer Persönlichkeit und Ihren ästhetischen Vorstellungen anpassen können. Im Übrigen wirkt sich dies auch günstig auf viele andere Lebensbereiche aus, etwa die Partnerschaft, den Beruf oder die persönliche wirtschaftliche Situation.

Wenn Sie Ihr Lebensumfeld mit Hilfe von Feng Shui gestalten, werden sich keine plötzlichen und wundersamen Veränderungen einstellen, denn Verbesserungen brauchen ihre Zeit. Aber Sie können mit einfachen Mitteln und geringem Aufwand aktiv etwas für die Steigerung Ihres eigenen Wohlbefindens tun. Ergreifen Sie diese Chance! Ich wünsche Ihnen viel Freude beim Umsetzen!

Martin Moosbach

TEIL EINS

WAS VERSTEHT MAN UNTER FENG SHUI?

Die Lehren des Feng Shui gehören in China zur alltäglichen Gegenwart. Und auch in vielen anderen asiatischen Kulturen hat die Spiritualität einen anderen Stellenwert als hierzulande. Die althergebrachten Lehren sind dort noch heute so aktuell wie damals. Die Prinzipien des Feng Shui finden besonders in der heutigen Zeit, in der die Rückbesinnung auf alte Werte wieder eine große Rolle spielt, viel Beachtung. Mit ihrer Hilfe ordnen die Menschen das Verhältnis zwischen sich und ihrer materiellen Umwelt einerseits und dem Universum andererseits. Wie viele Lehren und Weisheiten ist Feng Shui ein Ausdruck für den Wunsch des Menschen, das Undurchschaubare des Lebens zu ergründen und die Mächte des Schicksals, auf die wir keinen Einfluss haben, zu unseren Gunsten zu beeinflussen. Da sich die Wechselfälle des Lebens nicht vorhersehen oder steuern lassen und wir somit keinen Einfluss auf unser Schicksal nehmen können, versuchen die Chinesen durch Feng Shui, zumindest im eigenen Heim und Garten eine harmonische Umgebung zu erzielen.

1 WAS VERSTEHT MAN UNTER FENG SHUI?

Feng Shui ist kein Glaube des einfachen Volkes – das Wissen um seine Bedeutung zieht sich durch alle sozialen Schichten und sämtliche Lebensbereiche. Selbst die hoch aufragende Skyline von Hongkong basiert auf den Regeln dieser uralten Lehre. Die traditionelle Versöhnung mit den Kräften des Kosmos gehört zu den Strategien der Profitsteigerung: Grund und Boden sind hier so teuer, und die Summen, die bewegt werden, so gewaltig, dass man nichts dem Zufall überlassen möchte. Sogar während der Kulturrevolution von 1966 bis 1976 wagten es die Mächtigen nicht, den Regeln des Feng Shui zuwiderzuhandeln, denn das Leben mit Feng Shui ist in China und bei vielen anderen Völkern Ostasiens seit Jahrtausenden fest im Bewusstsein der Menschen verwurzelt.

EINKLANG MIT DEN KRÄFTEN DES KOSMOS

Einen ersten Einblick in die Wirkungsweise gewinnen Sie, wenn Sie die beiden Begriffsbestandteile übersetzt sehen: »Feng« heißt »Wind«, »Shui« bedeutet »Wasser«. Richtig ausgesprochen wird es »Fong Schwey« (wie das englische »ey«). Es handelt sich also um etwas, das keine feste Form hat, sondern strömt und fließt. Wie Wind und Wasser den gesamten Erdball umfassen und gestalten, gibt es auch eine ständig wirkende Kraft, die den ganzen Kosmos um- und alles in ihm durchströmt: das Chi. Diese allgegenwärtige Energie durchfließt in jedem Moment den menschlichen Körper ebenso wie die Landschaft oder die Häuser, die ihn umgeben. Dort, wo sie ungehindert fließen kann, wird sich das Leben ungestört entfalten. Wo ihr Fluss unterbrochen wird, kommt es zu Stauungen und Verwirbelungen, die sich im täglichen Leben als Unzufriedenheit und Gefühl des Stillstands äußern können. In schlimmeren Fällen kann es dadurch sogar zu Krankheit und Unglück kommen. Wird der Chi-Fluss gänzlich abgeschnitten, bedeutet das den Tod.

Da es gutes und schlechtes Feng Shui gibt, wird in China kein Haus gebaut und kein Zimmer eingerichtet, ohne dass die Örtlichkeit, ihre Beschaffenheit und die Merkmale ihrer unmittelbaren Umgebung nach den Gesichtspunkten des Feng Shui gründlich untersucht werden. Sogar der Ort der letzten Ruhe muss einer solchen Prüfung unterzogen werden, denn der Ahnenkult ist bei den Chinesen ein wichtiger Bestandteil des Lebens. Für die Grabstätte, in der der

Ahnenkult
Die Vorfahren sind in einem chinesischen Haus stets als Holztäfelchen, in die deren Namensschriftzeichen eingraviert sind, präsent. Davor werden von den Frauen der Familie oft Opfergaben niedergelegt.

Mensch eine Ewigkeit verbringt, kommt nur der günstigste Platz in Frage. So kann es geschehen, dass das Grabhäuschen mitten in einem Reisfeld steht, was für westliche Augen etwas gewöhnungsbedürftig ist.

Um die Qualität eines Bauplatzes – für die Lebenden wie die Toten – beurteilen zu können, muss sich der Bauherr die Umgebung genau ansehen: Nach welcher Himmelsrichtung soll das Haus ausgerichtet werden? Gibt es Berge und Gewässer in der Nähe? Wie wird die Aufteilung der Innenräume gestaltet? Wie müssen die Räume eingerichtet sein, um einen optimalen Energiefluss zu ermöglichen? Welche Farben sind sinnvoll?

ÖSTLICHE WEISHEIT TRIFFT AUF WESTLICHE VERNUNFT

In Westeuropa hat sich Feng Shui gegen Ende des 20. Jahrhunderts als eine Möglichkeit der Lebensgestaltung verbreitet. Es wurde wie die Sportarten Judo, Kendo und Karate, die Heilmethode der Akupunktur oder die Sushi-Küche in die Vielfalt der abendländischen Lebensstile aufgenommen. Als die ersten westlichen Unternehmen begannen, mit Erkenntnissen fernöstlicher Weisheit zu experimentieren, geschah das noch diskret, denn niemand wollte sich vor seinen Geschäftspartnern oder Kunden mit »unwissenschaftlichen Methoden« lächerlich machen.

Dabei ist es gerade das »Unwissenschaftliche«, was die Menschen in Europa und den USA, also in den von christlich-jüdischer Tradition und europäischer Aufklärung geprägten Kulturkreisen, so fasziniert. Die Methoden, die Welt zu erklären, könnten zwischen Europa und Ostasien nicht unterschiedlicher sein: Das Grundprinzip abendländischen Denkens ist die Analyse. Der zu betrachtende Gegenstand wird dabei in seine Einzelteile zerlegt, um ihn beurteilen und einordnen zu können. Das Denken in Asien basiert hingegen auf dem Prinzip der Synthese, das Erscheinungen der sichtbaren wie der unsichtbaren Welt miteinander verschmilzt und deren Wechselwirkungen beobachtet.

Dem auf Rationalität eingestellten Denken der westlichen Welt ist der Gedanke fremd, mit dem Umstellen eines Schreibtisches, dem Aufhängen eines Kristalls im Fenster, einem anderen Tischdeckenmuster oder einem neuen Farbanstrich im Schlafzimmer sein Leben gravierend beeinflussen zu können. Und wer tatsächlich Wunder erwartet, bei dem wird sich wohl nichts ändern, denn Feng Shui ist kein Zauber und keine Magie. Auf das Selbstverständnis des Westeuropäers übertragen, bedeutet Feng Shui, seine Umwelt so zu gestalten, dass sich der Mensch in Harmonie mit seiner unmittelbaren Umgebung befindet. Die zwischen den Dingen strömenden Kräfte und ihre Regeln zu erkennen, setzt Einfühlung und Emotionalität voraus. Hat man diese dann aber für sich selbst erkannt, kann die Zeit der Umsetzung beginnen, die aktive Selbsterkenntnis und bewusstes Handeln in Gang setzt. Gefühl und Rationalität sind im Feng Shui also gleichermaßen gefordert.

OPTIMIERUNG DES LEBENSUMFELDS

Es kann sein, dass die Lage Ihres Hauses oder der Zuschnitt Ihrer Wohnung, die Raumaufteilung Ihres Büros tatsächlich ein schlechtes Chi hat. Das bedeutet jedoch nicht, dass Sie Ihr Eigenheim abreißen oder in Ihrer Etagenwohnung alle Wände durchbrechen müssen. Ziel des Feng Shui ist es vor allem, das Lebensumfeld zu optimieren. Schon Kleinigkeiten können dabei hilfreich sein. Wenn Sie sich in Ihrer Wohnung oder an Ihrem Arbeitsplatz unwohl fühlen, sollten Sie damit beginnen, nur ein einzelnes Element zu verändern. Nehmen Sie sich die Zeit, dessen Wirkung zu beobachten. Zur

Kunst des Feng Shui gehört auch, mit möglichst wenigen Mitteln die Gegebenheiten zu verbessern.
Ein erster Schritt zur Harmonisierung Ihrer Lebensumstände ist es, das Problem überhaupt zu erkennen und zu benennen. Was genau macht Sie unzufrieden? In welchen Bereichen ist Stillstand eingetreten? Welche Schwierigkeiten treten immer wieder auf? Wenn Sie sich diese Fragen ehrlich beantworten, wird Ihnen bald klar werden, an welcher Stelle in ihrem Leben, in Ihrem Haushalt oder an Ihrem Arbeitsplatz etwas getan werden muss. Gehen Sie anschließend aufmerksam durch Ihre Räume. Versuchen Sie herauszufinden, welche Einrichtungsgegenstände, Raumaufteilungen, Farben oder Materialien es sein könnten, die mit Ihren Problemen in Verbindung stehen. Manchmal sind es ganz unbedeutend scheinende Dinge, die eine Störung des Energieflusses verursachen. Aber auch kleine Störungen können ein ganzes Haus schwächen.

Vertrauen Sie Ihrem Bauchgefühl

Lassen Sie beim aufmerksamen Beobachten Ihr Bauchgefühl zu: Gefällt es Ihnen wirklich so, wie es ist, oder haben Sie sich bei der Einrichtung zu sehr auf die Ratschläge der Möbelverkäufer, die Vorstellungen von Freunden und Verwandten, oder einer damals gerade vorherrschenden Mode verlassen?

GESCHICHTE

Zeitpunkt und Ort der Entstehung von Feng Shui sind nicht mehr genau nachzuvollziehen. Als gesichert gilt, dass sich auf dem Gebiet des heutigen China bereits steinzeitliche Nomadenvölker um das 4. Jahrtausend v. Chr. damit beschäftigten, ihre Lebensräume nach energetisch wertvollen und energiearmen Standorten zu unterscheiden. Es sind Naturbeobachtungen, die die Grundlage des Feng Shui bilden. Denn zu allen Zeiten sind und waren die Menschen darauf angewiesen, ausreichend Nahrung zu finden und über einen sicheren Aufenthaltsort zu verfügen. Wind und Wasser, also »Feng« und »Shui«, bilden Wolken aus, wenn sie sich verbinden. Wasser ist das Element des Lebens. Als Regen bringt es den Pflanzen Fruchtbarkeit und Wachstum und schafft auch die Lebensgrundlage des Menschen. Wolken wurden als Bindeglieder zwischen Himmel und Erde betrachtet. Damit entsteht eine geistige Verbindung zwischen den Gegebenheiten der irdischen Welt und der unerreichbaren Ferne der himmlischen Sphäre – dies sind Zeichen früher menschlicher Spiritualität.

BETRACHTUNG DER ERDE

Beim Betrachten der Natur erkannten die damaligen Menschen, dass manche Orte besser für Ackerbau und Viehzucht geeignet waren und angenehmere Lebensbedingungen boten als andere. Dies bezog sich nicht nur auf leicht nachvollziehbare Äußerlichkeiten wie gemäßigtes Klima und fruchtbare Böden. Denn für die Wahl eines Aufenthaltsortes waren den Menschen offenbar auch Qualitäten entscheidend, die sich dem Auge nicht sofort erschließen. An einem Ort, an dem es sich gesund leben lässt, die Arbeit reiche Früchte bringt und die Nachkommenschaft ungestört aufgezogen werden kann, stehen die Dinge der sichtbaren Welt im Einklang mit den unsichtbaren Energieströmen.

Über Generationen hinweg wurden die Beobachtungen überliefert, und unsere Vorfahren begannen, darin Systeme und Gesetzmäßigkeiten zu erkennen. Davon leiteten sie Regeln ab, die bald über die – damals noch am Anfang stehende – Anwendung in der Landwirtschaft hinausgingen. Vor allem die Sesshaftigkeit, das Verbleiben an einem Ort im Gegensatz zum nomadischen Umherstreifen von einem Weideplatz zum nächsten, erforderte verlässliche Regeln für das Zusammenleben in der Gemeinschaft. Andere Lebensbereiche wurden nun nach den bei der Naturbeobachtung erkannten Gesetzen geordnet und geregelt. Im alten China bezeichnete man das Wissen um diese Naturgesetzmäßigkeiten als »Kan Yu«, als »Betrachtung der Erde«. Es ist der Vorläufer des heute als Feng Shui bekannten Systems.

GEOMANTIE IN EUROPA, AFRIKA UND AMERIKA

Auch in anderen Teilen der Welt setzten sich die Menschen mit der Natur und ihren Regeln auseinander, denn es ist ein menschliches Grundbedürfnis, sich im Einklang mit den Naturkräften zu bewegen. Im keltischen Europa bewahrten Priester und Magier, die so genannten Druiden, dieses alte Wissen und planten imposante Bauwerke wie die Kultstätte von Stonehenge. Die südenglische Steinkreisanlage diente als Observatorium zur Bestimmung der Sonnenwendtermine und der Mondzyklen. Diese sind für Aussaat und Ernte wichtige Daten – und zwar so wichtig, dass man zwischen den Jahren 3 000 und 1 500 v. Chr. viel Aufwand trieb und aus dem dreidimensionalen Kalender eine Kultstätte machte: Das tonnenschwere Baumaterial wurde wahrscheinlich auf Schlitten, die von bis zu 1 000 Arbeitern gezogen wurden, aus einer für den damaligen Men-

Nicht nur im alten China, sondern auch in vielen anderen Kulturen waren die Gesetzmäßigkeiten natürlicher Energien bekannt. Ein Beispiel für diese uralten Kenntnisse der Geomantie ist der jungsteinzeitliche Megalithbau namens Stonehenge in England.

schen ungeheuren Entfernung von 200 Kilometern herbeigeschafft. Zu den besonderen Leistungen von Architekten, Ingenieuren und Bauhandwerkern, die bis heute Respekt abringen, zählen auch die Pyramiden in Ägypten und Mittelamerika oder die Tempelanlagen des antiken Griechenlands. Alle diese Bauwerke sind nach astronomischen Gesichtspunkten gestaltet, und die Standorte der Bauten wurden wohl erst nach sorgfältiger Bewertung ihrer Energiequalität ausgewählt.

Das überlieferte Wissen um die energetische Qualität eines Standortes wird in Europa Geomantie genannt, allerdings werden die asiatischen Lehren des Feng Shui manchmal dazugezählt. Bis in die Neuzeit hinein spielten sie auch bei europäischen Bauherrn eine große Rolle: Die Auswahl des Bauplatzes, die Grundrissgestaltung, die angestrebten Proportionen und das verwendete Material dienten dazu, möglichst eindrucksvolle und energiereiche Bauten zu erschaffen. Die christlichen Kirchen einerseits, die hinter diesen alten Lehren Ketzerei vermuteten, die Aufklärung andererseits, die dem Spirituellen die analytische Kraft der menschlichen Vernunft entgegenzusetzen versuchte, ließen die geomantischen Kenntnisse nur im Wissen weniger Geheimbünde verborgen weiterleben. Mit dem

Ende dieser Vereinigungen starb auch das von den keltischen und germanischen Priestern überlieferte Wissen aus. Erst mit der Neubewertung fernöstlicher Medizin wurde man in der zweiten Hälfte des 20. Jahrhundert in der westlichen Welt auf Feng Shui aufmerksam, und interessierte sich dabei wieder für die Jahrtausende alte eigene geomantische Lehre.

Drachensymbolik
Im Gegensatz zum Westen, wo der Drache eine Gefahr bedeutet, die überwunden werden muss, ist er in der Mythologie des Ostens ein Symbol für Glück und das Kaiserhaus.

DIE FORMENSCHULE

Die älteste bislang bekannte Quelle, die den Begriff Feng Shui enthält, ist das »Buch der Gräber« von Guo Pu aus dem 4. Jahrhundert n. Chr. Jedoch erst im 9. Jahrhundert bildeten sich die bis heute gültigen Begriffe heraus. Der Gelehrte Yang Yun Sung, der sich mit seinen Büchern über das Einfangen des Drachenatmens zu einem gefragten Berater am Hof des Kaisers Hi Tsang gemacht hatte, gilt als der Begründer der Formenschule: Er beobachtete intensiv die Landschaftsformen auf der Suche nach dem Drachen. Dort, wo der Drache zu Hause ist, weht auch sein Atem, und dieser begünstigt das Feng Shui. Gemäß der wellenartigen, schlangenhaften Darstellung des Fabelwesens sind es mittelhohe Gebirgslandschaften, in denen der Drache leben soll. Flachere Bergketten bezeichnete Yang Yun Sung als Weiße Tiger. Beide bilden auch heute noch – zusammen mit der Schwarzen Schildkröte und dem Roten Phönix – das Feng-Shui-Prinzip der Himmelsrichtungen. Da die Anwesenheit von Wasser eine bedeutende Rolle spielt, formulierte der Gelehrte aus dem alten China bereits eine Wohnlage, die auch unter heutigen Immobilienmaklern besonders geschätzt ist: ein Haus in Hanglage mit Seeblick.

DIE KOMPASSSCHULE

Rund ein Jahrhundert nach Yang Yun Sung entwickelte der Feng-Shui-Gelehrte Wang Chi die Kompassschule, die nach der Herkunftsprovinz ihres Erfinders auch Fukien-Schule genannt wird. Im Gegensatz zur Formenschule, bei der die sichtbare Umgebung die Orientierungspunkte liefert, bestimmen bei der Kompassschule die Himmelsrichtungen über die Qualität des Feng Shui. Diese Methode hat im Westen viele Anhänger, da sie abstrakter ist und damit den europäischen Vorstellungen von Wissenschaftlichkeit näher zu stehen scheint als die von Fabeltieren bevölkerte Formenmethode.

Allerdings ist der Kompass der Feng-Shui-Gelehrten nicht nur ein die Richtung bestimmendes Messinstrument, sondern es ist mit Zahlenmystik sowie Zuschreibungen von Eigenschaften der Himmelsrichtungen aufgeladen.
Mit den Zahlenformeln der Kompassmethode sollen Sie anhand des Geburtstages und des Geschlechts eines Menschen auf dessen persönlichen Eigenschaften schließen können. Dass den einzelnen Himmelsrichtungen bestimmte Qualitäten zugeschrieben wurden, ist zunächst nur verständlich, wenn man sich die Lage Chinas im 10. Jahrhundert vor Augen führt: Im Norden drohte Gefahr durch die Mongolen, im Westen durch die Wüste Gobi. Der Osten wurde bevorzugt, was unter anderem damit zu tun hatte, dass dort die Sonne aufgeht. Und an dem Ort, wo der Tag beginnt, wirken auch die positiven Kräfte eines Neubeginns.

FENG SHUI FÜR JEDERMANN

Es dauerte bis zum Ende des 19. Jahrhunderts, bis beide Denkschulen den Weg zueinander fanden. Die Methoden verschmolzen miteinander, um für einen harmonischen, störungsfreien Energiefluss zu sorgen.

Betonung
Die Vereinigung von Formen- und Kompassmethode wirkt bis heute weiter. Dennoch wird eine bestimmte Schule manchmal stärker akzentuiert: In diesem Buch finden Sie vor allem die Elemente der Kompassschule.

Während vieler Phasen in der Geschichte war Feng Shui reines Geheimwissen der herrschenden Schichten. Oft war die Anwendung und die Verbreitung von Feng Shui verboten, damit das Wissen nicht in feindliche Hände fallen und so zerstörerisch auf das eigene Herrscherhaus zurückwirken konnte. Über den Ahnenkult, der sich unter anderem in der Suche nach der geeigneten Grabstelle äußert, fand aber auch die übrige Bevölkerung Zugang zu Feng Shui. Ihnen halfen die Regeln, Alltag, Leben und Sterben zu organisieren. So wurde es im Verborgenen praktiziert, was sich bis ins 20. Jahrhundert fortsetzte. Mao Zedong (1893 – 1976) verbot Feng Shui zwar als eine dem materialistischen Kommunismus entgegengesetzte Lehre, wendete es aber selbst weiter an. Später wurde es von der Obrigkeit zumindest geduldet. Viele Chinesen haben seit dieser Zeit den Zugang zu den Lehren des Feng Shui verloren. Erst allmählich besinnt man sich auf die althergebrachten Werte und Weisheiten.

EIN STÜCK CHINESISCHER KULTUR IN EUROPA

Heutzutage sind Feng-Shui-Berater nicht nur in China unverzichtbar, sondern auch in Europa und Nordamerika keine Exoten mehr. Internationale Konzerne setzen die Methoden des Feng Shui zur Verbesserung des Arbeitsklimas ein, Ladenbesitzer benutzen die althergebrachten Hilfsmittel, um mehr Kunden in ihre Geschäfte zu locken und ihre Gewinne zu steigern. In Feng-Shui-Seminaren vermitteln Spezialisten ihren Teilnehmern die nötigen Kenntnisse, die sie für die Verbesserung ihrer Wohnumgebung brauchen und es erscheinen immer mehr Veröffentlichungen auch über spezielle Teilbereiche des Feng-Shui wie beispielsweise die Themen Partnerschaft und Karriere.

Obwohl im Moment allgemein der Trend hin zur asiatischen Wohnkultur mit ihren typischen Formen und Farben und exotisch anmutenden Symbolen geht, sind die aus Asien bekannten Hilfsmittel und Glückssymbole nicht jedermanns Geschmack. Man sollte also darauf achten, dass man nichts übernimmt, das man für sich persönlich ungeeignet hält. Es gibt eine große Auswahl von Mitteln, die sich auch sehr gut in einen durchschnittlichen europäischen Haushalt integrieren lassen, ohne dass man sich stilistisch verbiegen müsste.

DIE GRUNDLAGEN DES FENG SHUI

Begriffe wie »Yin« und »Yang« werden viele unter uns schon einmal gehört haben und für die, die sich etwas mit der asiatischen Kultur befasst haben, dürfte auch der Begriff »Chi« nicht neu sein. Allerdings können sich nur wenige Menschen wirklich etwas darunter vorstellen. Es gibt in der deutschen wie auch in den anderen europäischen Sprachen kein Wort für das »Chi«. Begriffe wie »Atmosphäre«, »Geist« oder »Lebenskraft« beschreiben es nur unzureichend. In der fernöstlichen Lebensphilosophie nennt man es den »kosmischen Atem«. Chi beschreibt Energiefelder und Energieströme, die das Universum durchfließen und dabei die Materie sowie alle Lebewesen miteinander verbinden. Frei strömendes Chi ist die Voraussetzung für Wohlbefinden, Glück und Erfolg. Ins Stocken geratenes Chi dagegen kann Probleme und Störungen verursachen. Die Erkenntnis vom ständigen Fluss des Chi ist die Grundlage aller fernöstlicher Wissenschaft, insbesondere von Astrologie und Medizin. Auch in Europa können wir uns diese überlieferten Weisheiten zunutze machen.

STETER FLUSS DES CHI

Es herrscht die Vorstellung von zwei gegensätzlichen Strömungen, die ein starkes Wirkungsfeld erzeugen: Der von der Erde in das All aufsteigende Strom ist die Erdkraft, die aus dem Kosmos auf die Erde einströmende Energie ist die Himmelskraft. Da Erde und Gestirne ständig in Bewegung sind und ihre Positionen verändern, ist auch die Bewegung des Chi steter Veränderung unterworfen. Diese Gegenläufigkeit der beiden Energieflüsse erzeugt immer neue Strömungen und Wirbel. Das wellenartige Fließen wirkt sich entlang der Erdoberfläche unmittelbar auf einzelne Menschen oder Orte aus.

Am Beginn eines Feng-Shui-Prozesses steht daher die Betrachtung der Umgebung eines Gebäudes. Mit »Umgebung« ist dabei alles gemeint, was von dem Bauwerk oder seinem künftigen Standort aus zu sehen ist, wie Berge, Bäume, Seen oder Flüsse. Mit Blick auf die Formenschule und seine Tiersymbolik nennen die Chinesen dies »die Adern des Drachen anzapfen«. Diese Feng-Shui-Methode stützt sich auf Landschaftsformen, die durch Tiere symbolisiert werden. Das mächtigste dieser Tiere ist der Grüne Drache, der die aus der Erde strömende Energie auf die ihm gegenüberliegende Seite hinbewegt. Dort sorgt der Weiße Tiger für den Abfluss verbrauchter Energie.

Das andere Tierpaar ist die Schutz bietende Schwarze Schildkröte an der Hausrückseite und der bewegliche, für Offenheit stehende Rote Phönix. Umgeben ist ein idealer Bauplatz daher von einer mittelhohen Hügelkette oder niedrigen Bäumen an der rechten Hausseite (Drache), einer hohen Bergformation oder hohen Bäumen hinter dem Haus (Schildkröte), einer flachen Hügellandschaft auf der linken Seite (Tiger) und einer große Freifläche mit fließendem Gewässer an der Vorderseite (Phoenix). Dieses Modell ist von den Himmelsrichtungen unabhängig, da der Bezugspunkt jeweils die Eingangstür ist.

TÖDLICHER ATEM

Jede Anwendung des Feng Shui hat zum Ziel, das Chi ungehindert fließen zu lassen und es an gewissen Punkten zu Kraftzentren zu bündeln. Eine Umgebung, die die Energieströme aufstaut, ist für die Entfaltung von Gesundheit und Wohlstand ebenso ungeeignet wie völlig freies Gelände, auf dem sich das Chi beschleunigt und zerstreut. Grundsätzlich ist eine völlige Stadtplanung nach Feng-Shui-Regeln denkbar, in der Praxis aber sind Städte Orte, an denen Chi regelrecht unterdrückt wird. Eine lange Brücke oder schnurgerade verlaufende Autobahntrassen machen das Chi schnell und gefährlich.

Das heißt, dass nicht jede Energie eine positive Kraftquelle ist. Leicht kommt es zur Bildung von »Sha« oder »Sha Chi«, dem »tödlichen Atem«. Lange, breite Prachtstraßen oder schachbrettartig angelegte Stadtviertel erzeugen »Chi-Schnellstraßen«, auf denen sich die hindurchbrausende Energie von ihrer unangenehmen Seite zeigen kann.

Geheime Pfeile

Zu diesen negativen Erscheinungen, die vor allem bei dichter Bebauung auftreten, gehören die »Geheimen Pfeile«. Dies sind Sha-Energien, die in positives Chi eindringen und es nachteilig verändern. Sie entstehen dann, wenn von hohen oder spitzen Gebäuden ausgehende gedachte Linien unmittelbar auf den Eingang eines Hauses gerichtet sind. Das können so unscheinbare Dinge sein wie eine Fahnenstange oder ein Telegrafenmast, aber auch mächtige Bauwerke wie ein Kirchturm. Als im 19. Jahrhundert die europäischen Mächte in Ostasien Fuß fassten, entstanden viele Konflikte dadurch, dass Kirchengebäude ohne Rücksicht auf die Prinzipien des Feng Shui errichtet wurden und sich die Einheimischen durch die von den Glockentürmen ausgehenden Geheimen Pfeile bedroht fühlten. Leider kommt es selten vor, dass man eine ideale Wohnumgebung findet, die auch noch allen andern Vorstellungen, die man von der besten Wohnlage hat, erfüllt. Zumindest beim Neubau von Häusern kann man auf die Vermeidung negativer Energien achten.

Dieses Hochhaus am Repulse Bay in Hongkong folgt den Prinzipien des Feng Shui: Es wurde ein Fenster eingebaut, damit der Drache, der die dahinterliegende Hügelkette symbolisiert, auf das Meer schauen kann.

NICHT NUR DEN STAUBWEDEL SCHWINGEN

Nutzen Sie den Frühjahrsputz nicht nur, um Fenster und Glasscheiben sowie die Wohnräume vom Dreck zu befreien, sondern auch um alle Schränke, den Speicher und den Keller daraufhin zu untersuchen, ob Sie die dort gelagerten Dinge tatsächlich noch brauchen. Entrümpeln Sie Ihre Wohnung oder Ihr Haus, damit der Energiefluss erhalten bleibt!

Nachfolgend sind besonders kritische Stellen in Wohnräumen angegeben:

- ❖ Abstellkammern und feuchte Räume,
- ❖ Gästezimmer, die nur an wenigen Tagen im Jahr bewohnt werden,
- ❖ lange und dunkle Korridore, von denen wenige Türen und Fenster abgehen,
- ❖ Möbelstücke mit scharfen Kanten,
- ❖ synthetische Materialien und Kunststoffe sowie
- ❖ elektrische Geräte und Klimaanlagen.

Chi durchströmt das Haus

Für die Betrachtung der eigenen Umgebung ist es wichtig zu wissen, dass das Chi auch innerhalb von Gebäuden fließt. Es tritt ein, wo immer es Zugang findet, am häufigsten durch die Eingangstür. Es durchwandert alle Räume und tritt durch eine Öffnung, die der Eingangstür gegenüberliegt, wieder aus. Ist es gezwungen, durch den Eingang wieder hinauszutreten, besteht die Gefahr von Wirbeln und Irritationen, die zu Störungen im Leben der Bewohner führen. Ebenso ist es möglich, dass in einem fensterlosen, nicht benutzten Raum der Energiefluss stockt und stirbt.

Um ein gutes Feng Shui zu erzeugen, muss die Energie in alle Teile des Hauses gelangen können. Deshalb sollten Sie darauf achten, Ihre Wohnung nicht zu sehr mit Möbeln und anderen Dingen vollzustellen. Das soll aber nicht heißen, dass man sich eine spartanische Einrichtung auferlegen muss. Dies würde sich nämlich genauso ungünstig auswirken. Für ein gutes Feng Shui sollte das Haus außerdem stets sauber und aufgeräumt sein. Staub etwa besitzt eine schlechte Chi-Energie, die umso stärker ist, je länger er liegen bleibt. Auch das langsam fließende Chi von liegen gelassenen oder lange Zeit aufbewahrten Dingen kann sich nachteilig auswirken.

Positives Denken schwächt schlechte Energie

Wenn Sie in Ihrer Wohnung oder an der Umgebung Ihres Hauses eine Veränderung durchführen wollen, ist es wichtig, dies mit positiven Gedanken zu verbinden. Eine Maßnahme, die Sie aus Verärgerung, Trotz, Neid oder gar Verzweiflung durchführen, wird die schlechten Energien dieser Emotionen auch in die neue Situation einfließen lassen. Wer missmutig durch den Alltag geht und das Schöne nicht an sich herankommen lässt, bündelt negatives Chi und verstärkt es im Laufe der Zeit. Wer hingegen seine Lebenskraft aus dem Guten, das ihm widerfährt, zu schöpfen vermag, entzieht den schlechten Energien Kraft und wird Störungen nicht als Belastungen empfinden. Diesen Ausgleich zwischen Gut und Schlecht verdeutlicht ein grundlegendes Prinzip des Feng Shui – die Vorstellung zweier entgegengesetzter, aufeinander einwirkender Kräfte: nämlich »Yin und Yang«.

DAS SPIEL ZWISCHEN YIN UND YANG

Das Leben ist im Grunde nichts anderes als der Versuch, einen Platz zu finden zwischen konträren Prinzipien. In der christlichen Welt gibt es dafür die Gegensätze von Licht und Dunkel, Gut und Böse

oder Himmel und Erde. In der Natur besteht der Gegensatz von Tag und Nacht, der damit auch die Struktur von Aktivitäts- und Ruhephase schafft. Viele Weltreligionen beschreiben das Gegensatzpaar von Himmel und Hölle und betonen damit eine lineare Bewegung – im ungünstigen Fall nach unten, im günstigen Fall nach oben führend. Im Fernen Osten bildet dagegen der Kreis von Yin und Yang die Grundlage der gesamten Weltanschauung. Dieser Kreis wird durch eine s-förmige Linie in eine weiße und eine schwarze Fläche geteilt. In jedem Segment befindet sich ein weiterer, sehr kleiner Kreis in der jeweils anderen Farbe.
Der dunkle Teil ist Yin, der die Erde repräsentiert, der helle Yang, das Symbol des Himmels. Der gesamte Kreis bildet somit das Universum ab. Dieses anschauliche graphische Modell steht für die vollkommene Harmonie, den perfekten Ausgleich. Die Weisheit und Lebensklugheit dieses

Die Prinzipien Yin und Yang lehren uns, dass die Gegensätze ein Ganzes ergeben.

EIGENSCHAFTEN DES YIN	EIGENSCHAFTEN DES YANG
schwarz	weiß
dunkel	hell
weiblich	männlich
Jugend	Alter
Mond	Sonne
Erde	Himmel
Körper	Seele
weich	hart
passiv	aktiv
organische Formen	spitze und geometrische Formen
flach	tief
Berg	Tal
rückwärts gewandt	vorwärts gewandt
kalt	heiß
Beruhigung	Anregung
Reaktion	Aktion
Nacht	Tag
Tiger	Drache
Obergeschoss	Erdgeschoss
Hausrückseite	Hausvorderseite
rechte Haushälfte	linke Haushälfte
negativ	positiv

Modells besteht darin, dass jedes Teil auch in seinem Gegenteil enthalten ist und dass das eine nicht ohne das andere existieren kann. Auf diese Ausgeglichenheit kommt es an: So wäre zum Beispiel eine schnelle Karriere machen und kompromisslos nach gesellschaftlichem Aufstieg streben eine Überbetonung des Yang auf Kosten eines glücklichen Zusammenlebens mit anderen Menschen, was in diesem Fall dem Yin entspräche. Je stärker das Missverhältnis ist, desto größer ist das Risiko, sein Ziel zu verfehlen. Befinden sich die Kräfte von Yin und Yang dagegen in der Balance, ist im Leben Harmonie erreicht.

YIN UND YANG SIND RELATIV

Die nebenstehende Tabelle stellt nur eine kleine Auswahl an Zuordnungen dar, die zudem nicht absolut zu sehen sind. Wichtiger sind die Relationen der Gegensätze zueinander, denn in allem ruhen sowohl Yin- als auch Yang-Eigenschaften. Ruhiges Dasitzen ist zum Beispiel im Vergleich zum Schlaf mehr Yang, im Vergleich zur Arbeit mehr Yin. Wenn Sie feststellen, dass vor lauter Arbeitsbelastung Ihre Erholung zu kurz kommt, sollten Sie Ihrem Leben mehr Yin-Elemente hinzufügen. Fühlen Sie sich zu bequem und behäbig, müssen Sie sich um mehr Yang bemühen, indem sich sich mehr bewegen, beispielsweise, indem Sie Sport treiben. So lassen sich alle Disharmonien in Ihrem Leben, ob sie sich nun in der Partnerschaft oder im Beruf, in der Gesundheit oder in familiären Beziehungen ergeben, auf ein Ungleichgewicht zwischen Yin und Yang zurückführen. Das Universum ist dabei bestrebt, ein Gleichgewicht herzustellen. Streben wir also nicht selbst einen Ausgleich zwischen Yin und Yang an, müssen sich die universellen Gesetzmäßigkeiten selbst Bahn brechen, etwa durch Krankheiten. Bestimmte Feng-Shui-Maßnahmen wirken dort beruhigend, wo ein Übergewicht an Dynamik herrscht und schaffen in übermäßig ruhigen Bereichen Aktivität.

Für die Gestaltung Ihres Wohnraums bedeutet das: Wenn Ihr Haus in einer hügeligen, waldreichen Gegend steht, Sie aber in diesem Haus auch Ihrem Beruf nachgehen wollen, sollten Sie in den Wohnräumen dem besänftigenden Yin der Landschaft mehr Yang-Elemente entgegensetzen. Auch die Intensität der Sonneneinstrahlung ist ein Yang-Faktor. Je heller es ihn Ihrem Haus ist, desto mehr Yang-Energie herrscht dort. Berge wiederum sind mehr Yin, was jedoch durch eine dem Yang zugeordnete spitze Gipfelform abgeschwächt oder gar ausgelöscht werden kann. Das Meer wiederum mit seiner flachen Oberfläche hat einen Yang-Charakter, aber die aus Richtung Erdinnern aufsteigende Energie macht das Meer zu einer Yin-Umgebung.

Bei häufigen Stimmungstiefs
Wenn Sie Sie zu Nervosität neigen, ist es besser für Sie, sich in einem von Yin beeinflussten Bereich aufzuhalten. Neigen Sie zu Lethargie oder gar Depressionen, dann sollten Sie überwiegend die Yang-Räume nutzen.

Wenn Sie die Lage des Hauses, das Sie bewohnen, nach den Prinzipien von Yin und Yang beurteilen, erfahren Sie, wo Sie die verschiedenen Lebensbereiche am besten anordnen sollten. So sind beispielsweise das Wohnzimmer, das Kinderzimmer, die Küche und das Arbeitszimmer in den Yang-Bereichen am besten platziert. Schlafzimmer, Badezimmer und Abstellräume passen eher zu den Yin-Eigenschaften.
Handelt es sich um ein mehrgeschossiges Haus, so verläuft die Energieverteilung von Yin nach Yang von unten nach oben. Das heißt: Das Schlafzimmer ist in einem Einfamilienhaus mit zwei Stockwerken besser oben untergebracht, während sich das aktive Leben im Erdgeschoss abspielen sollte. Für ein Geschäftshaus bedeutet dies, dass diejenigen, die an Konzepten und Ideen arbeiten, dafür die oberen Etagen nutzen sollten. Die praktische Umsetzung dieser Ideen findet dann in den unteren Räumen Erfolg versprechend statt.

DIE BEDEUTUNG VON ZAHLEN

Es dürfte kaum eine hoch entwickelte Zivilisation geben, in der Zahlen ausschließlich zum Zählen, Messen und Rechnen verwendet werden. Zahlen bedeuten immer mehr als ihre reinen Zahlenwerte. Sie drücken auch eine bestimmte Qualität aus und haben dadurch ein Wesen oder einen Charakter. In der christlich geprägten Kultur Europas ist beispielsweise die Ziffer Drei eine wichtige Größe: So spiegelt sich die Vorstellung einer Dreifaltigkeit aus Gottvater, dessen Sohn und dem Heiligen Geist in den drei Flügeln eines Altars wider. Auch die Zwölf geht auf das Neue Testament zurück: Es waren zwölf Jünger, die Jesus Christus folgten, weshalb christliche Gotteshäuser von zwölf Säulen getragen werden oder zwölf Türen oder Fenster aufweisen. Wie die christlich geprägten Länder haben auch andere Religionen und Traditionen ihre jeweilige Unglücks- oder Glückszahl. Was in der einen Kultur ein positiv besetztes Symbol ist, kann in einer anderen Unglück verheißen. Deshalb ist es von Nutzen, sich mit der Zahlensymbolik verschiedener Kulturen vertraut zu machen.

13
FRIDAY
The school of experience
has very few holidays.

GUTE UND SCHLECHTE ZAHLEN IN ASIEN UND EUROPA

Den Unterschied zwischen westlichem und östlichem Zahlenverständnis lässt sich gut an der Länge des Doms zu Speyer von 444 Fuß zeigen: Der Architekt kombinierte die vollkommenen Zahlen drei und zwölf, in dem er die Zahl der göttlichen Dreifaltigkeit durch die Anzahl der Apostel teilte. So kam er auf die vier, die in der Länge des Kirchenschiffs dreimal vorkommt. Für einen Chinesen bedeutet diese Zahl eine Katastrophe, denn für ihn ist die vier eine ähnlich mit Unglück besetzte Zahl wie die 13 für Europäer. Das hat vor allem mit dem Klang des Wortes in der chinesischen Sprache zu tun: »Vier« unterscheidet sich dabei kaum von »Tod, sterben«.

Vier – eine Unglückszahl

Hotelzimmer oder Autokennzeichen, in denen eine vier vorkommt, werden in China gemieden; so dass sich in asiatischen Hotels meist auch keine 4. Etage befindet. Außerdem ist kaum ein Chinese an einem 4. des Monats geneigt, einen wichtigen Vertrag zu unterschreiben oder ein neues Vorhaben zu beginnen.

In Europa sind die auf die günstig empfundenen Zahlen folgenden Zahlzeichen eher negativ besetzt. So erinnert die 13 an Judas, den 13. Gast des Letzten Abendmahls: Er verriet Jesus und lieferte ihn seinen Mördern aus. Die Elf ist eins mehr als die zehn Gebote und bedeutet daher, dass hier über die Gebote hinausgegangen wird. Die Zahl Elf gilt aus diesem Grund unter gläubigen Christen als Zahl der Sünde. Deshalb regiert über die Narren im Fasching ein Elferrat, und die »Fünfte Jahreszeit« des Außer-sich-Seins beginnt genau am 11.11. um 11.11 Uhr. Tief verwurzelt ist auch die Furcht vor dem Unglück bringenden Freitag, dem 13. sowie dem 13. Stockwerk. In vielen öffentlichen Gebäuden, vor allem in Hotels, gibt es keine 13. Etage und auch keine Zimmernummer 13.

GERADE UND UNGERADE ZAHLEN

Im Westen und in Asien gibt es dennoch eine Gemeinsamkeit bei der Zuschreibung der Eigenschaften der Zahlen: Die Unterscheidung zwischen geraden und ungeraden Zahlen. Bei der chinesischen Zahlensymbolik werden gerade Zahlen als Yin, ungerade als Yang angesehen. Das bedeutet, dass den geraden Zahlen Eigenschaften wie dunkel, weiblich, weich und passiv zugeordnet sind.

DIE BEDEUTUNG DER ZAHLEN IM CHINESISCHEN VERSTÄNDNIS

1: Sie steht am Anfang, aus der 1 geht alles hervor. Sie symbolisiert die ursprüngliche Einheit der Urenergie Chi, bevor sie sich in Yin und Yang aufteilte. Im Feng Shui wird der 1 der Weg des Lebens, die Bestimmung, zugeordnet.

2: Aus der Einheit entsteht das Gegensatzpaar von Yin und Yang. Beide einander entgegengesetzte Pole ergänzen sich jedoch und bilden eine harmonische Einheit. Die 2 repräsentiert daher auch den Bereich der menschlichen Beziehungen.

3: Sie erweitert das Paar und schafft damit eine neue Dimension: Ein Dreieck umschließt eine Fläche, und eine Gerade, die durch einen der Eckpunkte geführt wird, teilt die gegenüberliegende Seite. Im Feng Shui steht die 3 deshalb für den Vermittler zwischen zwei widerstrebenden Positionen.

4: Wie bereits geschildert, gemahnt die 4 an den Tod und wird deshalb als Unglückszahl angesehen, die es zu meiden gilt.

5: Die 5 gilt im Feng Shui als ausgesprochene Glückszahl. Sie weist auf die 5 Elemente Holz, Feuer, Erde, Metall sowie Wasser hin und schafft damit die Verbindung mit der Natur und dem Kosmos.

6: Sie klingt im Chinesischen ähnlich wie »Bewegung« und wird daher mit positiver Entwicklung in Verbindung gebracht. Auch versprechen die in ihr enthaltenen Zahlen Harmonie: 6 ist die Quersumme aus 1, 2 und 3 und auch durch diese Zahlen teilbar. Mit der Zahl 6 verbinden sich Ausgeglichenheit und Harmonie im Umgang der Menschen miteinander.
7: Sie steht in der Symbolik des Feng Shui mit dem Familienmitglied »jüngste Tochter« in Verbindung und bedeutet daher Unbeschwertheit und Heiterkeit. Im Chinesischen klingt 7 ähnlich wie »sicher«, was ihr eine besonders positive Ausstrahlung verleiht.
8: Ein in der chinesischen Sprache ähnlich klingendes Wort bedeutet so viel wie »bevorstehender Reichtum«, weshalb die 8 als Glückszahl gilt. Wer die Möglichkeit dazu hat, gibt in China viel Geld dafür aus, um etwa eine Autonummer oder eine Telefonnummer zugewiesen zu bekommen, in denen möglichst viele Achten enthalten sind. Die 8 steht außerdem für Spiritualität und Unendlichkeit.
9: Sie ist die letzte Zahl dieser Zahlenreihe und gilt daher als Zeichen des Abschlusses und der Vollendung. Das ähnlich klingende Wort im Chinesischen bedeutet »langes Leben« und im Bagua steht die 9 in der Ruhm und Anerkennung verheißenden Zone.

Die ungeraden Zahlen repräsentieren hingegen Helligkeit, Männlichkeit, Härte und Aktivität. Ähnliche Eigenschaften finden sich schon in der Arithmetik des antiken Griechenlands. Platon sprach von einer »Lehre des Geraden und Ungeraden«: Gerade Zahlen ruhten ausgeglichen in sich, ungerade Zahlen strebten zur Aktivität. Dadurch ist jede der Zahlen von Eins bis Neun mit einer bestimmten Bedeutung versehen.

GÜNSTIGE UND UNGÜNSTIGE MASSE

Im Feng Shui kennt man aber nicht nur unterschiedliche Eigenschaften von Zahlen, auch die Maße von Räumen und Einrichtungsgegenständen spielen eine große Rolle für den harmonischen Fluss der Energie. Vor allem fernöstliche Berater nutzen häufig das Feng-Shui-Lineal, um Längen zu bestimmen. Es besteht aus zwei Seiten: Eine ist in Zentimeter unterteilt, die andere zeigt eine zweifarbige Skala, die den verschiedenen Längenbereichen günstigen oder ungünstigen Einfluss zuweisen. Diese Einteilung basiert auf dem Feng-Shui-Fuß mit einer Länge von 43 Zentimetern. Das bedeutet, dass sich alle 43 Zentimeter die Energie des Gegenstands ändert. Es gibt insgesamt acht Abschnitte von jeweils 5,5 Zentimetern zwischen

0 und 42,9 Zentimetern. Bei 43 beginnt der Zyklus der acht Abschnitte neu. Jeder Abschnitt ist noch einmal in vier Teilbereiche gegliedert. Die Tabelle kann auf diese Weise bis ins Unendliche fortgeführt werden.

EUROPÄISCHE NORMEN ENTSPRECHEN NICHT DEM FENG SHUI

Mit den richtigen Maßen lässt sich also nach den Regeln des Feng Shui Glück und Unglück gezielt steuern. Das mag noch recht einfach sein, solange man seine Möbel und andere Dinge, die für das alltägliche Leben von Bedeutung sind, selbst herstellt. Allerdings ist es in Europa schwierig und aufwändig, die richtigen Gebäudeabmessungen, Möbel und Accessoires auch beim Kauf zu erhalten, denn Industrienormen wie die DIN- oder die ISO-Norm sind nicht an Feng Shui orientiert. Das fängt beim Schreibpapier an: Das gebräuchliche Briefpapier des DIN-Formats A4 verspricht zwar in der Breite von 21 Zentimetern Gerechtigkeit und Unterstützung durch wohlgesonnene Mitmenschen, andererseits droht die Länge von 29,7 Zentimetern mit schweren Verlusten bis hin zum Verschwinden der Lebensgrundlagen.

DIE ACHT ABSCHNITTE DES FENG-SHUI-LINEALS

Chai (0 bis 5,4 Zentimeter): Der Beginn der Abfolge bedeutet Reichtum. Im ersten Viertel winkt viel Geld, dann folgt die Aussicht auf kostbaren Schmuck, die dritte Zone verspricht sechs Arten des Glücks und die vierte allgemein großen Reichtum.

Pi (5,5 bis 10,7 Zentimeter): Der zweite Abschnitt bedeutet allgemein Krankheit. Die vier Unterabschnitte bedeuten weiteres Unheil: Im ersten Teil steht der Verlust von Geld zu befürchten, der zweite bezieht sich auf juristische Auseinandersetzungen mit schlechtem Ausgang, der dritte steht für Pech im Allgemeinen und bei einer Abmessung im letzten Viertel muss mit dem Tod des Ehepartners gerechnet werden.

Li (10,8 bis 16,1 Zentimeter): Der Abschnitt deutet insgesamt auf eine Trennung hin. Im ersten Viertel droht allgemein großes Unglück, im zweiten der Verlust von Geld, im dritten die Begegnung mit Menschen, die es nicht gut mit einem meinen, im vierten gar Diebstahl oder Raub.

Yi (16,2 bis 21,4 Zentimeter): In diesem Abschnitt geht es um Gerechtigkeit. Die vier Unterabschnitte stehen in Bezug zu großer, gesunder Nachkommenschaft, unerwarteten Einkünften, einem außergewöhnlich erfolgreichen Sohn sowie ein allgemein großes Glück.

Kwan (21,5 bis 26,8 Zentimeter): Hier geht es um die erfolgreiche Ausübung von Macht und Glück im Beruf. Der erste Unterabschnitt deutet auf den guten Abschluss von Prüfungen hin, der zweite Glück im Spiel und bei Spekulationen, der dritte ein wachsendes Einkommen, der vierte hohe öffentliche Anerkennung für Mitglieder der Familie.

Chien (26,9 bis 32,1 Zentimeter): Abmessungen in diesem Bereich deuten auf Verluste durch Diebstahl und Raub hin – im Einzelnen auch Verluste durch Trennung, unter Umständen sogar Tod im ersten, Wegfall der materiellen Lebensgrundlagen im zweiten, gesellschaftliche Ächtung im dritten und schwere finanzielle Einbußen im vierten Abschnitt.

Hai (32,2 bis 37,5 Zentimeter): Dieser Bereich des Feng-Shui-Lineals ist mit schwerem Unheil und Konfrontation assoziiert. Im ersten Abschnitt sind verheerende Katastrophen zu befürchten, der Tod lauert in Maßen des zweiten Abschnitts, Krankheit und Elend sagt der dritte Abschnitt voraus und großen Streit mit öffentlichem Aufsehen der vierte.

Pun (37,6 bis 42,9 Zentimeter): Der letzte Abschnitt im Zyklus des Feng-Shui-Lineals steht für den Ursprung und die Einheit der Welt. Im ersten Bereich ist mit größeren Geldgewinnen zu rechnen, der zweite verspricht den glücklichen Verlauf von Prüfungen. Der dritte Bereich steht für große Mengen an Juwelen, im vierten steht großer Reichtum ins Haus.

FENG-SHUI-MASSE

Abschnitt	Maße in cm	Bedeutung
1.	0 – 5,4	Reichtum
2.	5,5 – 10,7	Krankheit
3.	10,8 – 16,1	Trennung
4.	16,2 – 21,4	Gerechtigkeit
5.	21,5 – 26,8	gutes Gelingen, Förderung
6.	26,9 – 32,1	Raub, Verlust
7.	32,2 – 37,5	Konfrontation
8.	37,6 – 42,9	Ursprung, Einheit

Noch ungünstiger sind die weit verbreiteten Maße von Betten in den abendländischen Kulturkreisen: Abmessungen von zwei auf einen Meter bedeuten in der Länge Verluste durch Raub oder Diebstahl, in der Breite Rückschläge durch Trennung. Beides gehört nicht zu den Attributen, die man seinem Bett gern zuordnet. Abhilfe versprechen Ablagemöglichkeiten an der Kopfseite und einer Längsseite, mit denen die Abmessungen des Bettes in einen günstigeren Bereich verlängert werden. Allerdings sind die Kriterien des Feng-Shui-Lineals nur ein Wert unter vielen. Wo eine Schwächung oder Störung des Energieflusses auftritt, gibt es – wenn etwa die Maße einer Wand, einer Tür, eines Fensters oder eines Schranks nicht so einfach geändert werden können – eine Reihe anderer Maßnahmen des Ausgleichs.

Dass ungünstige Gegebenheiten nicht zwangsläufig zum Unglück führen müssen, beweist zwar die Tatsache, dass die überwiegende Merhzahl der Geschäfte mit den üblichen genormten Briefformaten erfolgreich sind und dass nicht alle Ehen, die in den normalen Bettgrößen stattfinden, scheitern. Aber warum sollte man sein Schicksal herausfordern, wenn schon einige kleine Veränderungen positiv wirken. So können ungüsntige Abmessungen beispielsweise durch positive Formen, Farben oder Symbole ausgegleichen werden.

DIE PERSÖNLICHE GUA-ZAHL

Die Zahlen und Maße, die Sie bisher im Hinblick auf Ihre Wirkung auf das Feng Shui kennen gelernt haben, beziehen sich auf die Welt der Dinge, mit denen sich die Menschen umgeben: Häuser, Wohnungen, Möbel, Dekorationen. Die symbolische Bedeutung von Zahlen gehört zu den Bereichen, die eher dem Himmlischen zuzuordnen sind. Die Beschreibung von Landschaften und Materialien betrifft das irdische Dasein. Ein Faktor bleibt bei beiden Untersuchungsmethoden jedoch unberücksichtigt: der Mensch. Der Mensch bildet mit seiner Spiritualität einerseits und seiner Schaffenskraft andererseits den Schnittpunkt beider Welten. Im Westen ist diese Ganzheit von Hinwendung zur Transzendenz und praktischer Lebensbewältigung beispielsweise in dem Lehrsatz »Beten und arbeiten« des Heiligen Benedikt dargestellt. Es ist die zentrale Regel für die Mönche des von ihm gegründeten Benediktinerordens. Es bedeutet einerseits Gott zu ehren, andererseits seinen Auftrag zu erfüllen und sich die Erde untertan zu machen.

10
1
YI JIAO
5
JIAO
2
ENMIN YINHANG
1980

DAS LO-SHU-QUADRAT

Im Feng Shui ist eine zahlenmystische Methode bekannt, mit deren Hilfe sich das einzelne Individuum mit den Besonderheiten eines Ortes in Verbindung setzen kann: die Gua-Zahl. Sie ist das persönliche Element im Feng-Shui. Die Unterscheidung von allgemeinen Gesetzmäßigkeiten und dem Element der Gua-Zahl erklärt, warum es Umgebungen gibt, die auf alle Menschen günstig oder ungünstig wirken und andere Gegebenheiten, die für einige Menschen besonders positive oder negative Auswirkungen haben und für andere wiederum nicht. Mit dem Geburtsjahr und dem Geschlecht lässt sich eine Zahl zwischen eins und neun ermitteln. Jede dieser Zahlen repräsentiert eine Himmelsrichtung gemäß des Lo-Shu-Quadrats. Es handelt sich dabei um ein magisches Quadrat – vermutlich das älteste seiner Art, das heute bekannt ist. Der Überlieferung nach soll es um das Jahr 2 200 v. Chr. am Fluss Lo einem Gelehrten auf dem Panzer einer Schildkröte erschienen sein.

Die Zahlen sind dabei in den neun Feldern so angeordnet, dass sie von links nach rechts, von rechts nach links, von oben nach unten, von unten nach oben oder diagonal addiert immer die Summe 15 ergeben. Die 15 markiert einen halben Mondzyklus von insgesamt 30 Tagen. Die Zahlen des Lo-Shu-Quadrats sind zunächst den Himmelsrichtungen zugeordnet (wobei zu beachten ist, dass in der chinesischen Kartographie der Süden oben und der Norden unten eingetragen wird, analog dazu, der Osten links und der Westen rechts).

SO		S		SW
	4	9	2	
O	3	5	7	W
	8	1	6	
NO		N		NW

Wenn Sie Ihre Gua-Zahl ermittelt haben, können Sie im Lo-Shu-Quadrat feststellen, aus welcher der acht Himmelsrichtungen die für Sie günstigsten Energien strömen. Wenn Sie eine fünf errechnet haben, finden Sie keine Zuordnung zu einer Himmelsrichtung, denn sie steht im mittleren Feld. In diesem Falle ersetzen Sie als Frau die

BERECHNUNG DER GUA-ZAHLEN

Frauen:

Bilden Sie die Summe aus den beiden letzten Ziffern Ihres Geburtsjahres. Ist das Ergebnis größer als zehn, errechnen Sie so lange die Quersumme, bis eine einstellige Zahl stehen bleibt.
Zu dieser Zahl addieren Sie fünf. Gegebenenfalls muss so lange die Quersumme gebildet werden, bis eine einstellige Zahl übrig bleibt. Dies ist die Gua-Zahl.
Beispiel Geburtsjahr 1976: 7 + 6 = 13; 1 + 3 = 4; 4 + 5 = 9; Gua-Zahl 9.

Männer:

Bilden Sie die Summe aus den beiden letzten Ziffern Ihres Geburtsjahres. Ist das Ergebnis größer als zehn, errechnen Sie die Quersumme, bis eine einstellige Zahl stehen bleibt.
Diese Zahl ziehen Sie von zehn ab. Das Ergebnis der Subtraktion ist Ihre persönliche Gua-Zahl.
Beispiel Geburtsjahr 1959: 9 + 5 = 14; 1 + 4 = 5; 5 wird durch 8 ersetzt; Gua-Zahl 8.

fünf durch eine zwei, als Mann ersetzen Sie die Ziffer durch die acht. Als Berechnungsgrundlage dienen die beiden letzten Ziffern des Geburtsjahres. Dabei ist zu beachten, dass die Kalender Westeuropas und Chinas unterschiedliche Neujahrstermine haben. Das chinesische Neujahr findet am 4. oder 5. (abhängig von den nicht ganz gleichmäßigen Mondzyklen) Februar statt.

Gemischter Haushalt

In der Lebenswirklichkeit wird es sich nicht vermeiden lassen, dass in einem Haushalt Vertreter der Ost- und der West-Gruppe leben. Mit Hilfe der Eigenschaften der Fünf Elemente, die im folgenden Kapitel beschrieben sind, lassen sich jedoch Harmonisierungen an den Schlüsselstellen des Wohnraums herstellen.

Wer also beispielsweise am 21. Januar 1963 Geburtstag hat, zählt sich bei dem für die Gua-Zahl maßgeblichen chinesischen Kalender zum Geburtsjahrgang 1962.

DIE ÖSTLICHE UND DIE WESTLICHE GRUPPE

Aus der persönlichen Gua-Zahl lässt sich nicht nur die Richtung ablesen, die den günstigsten Einfluss auf Sie hat. Sie können auch eine Hierarchie von der zweitbesten, drittbesten und viertbesten Himmelsrichtung über weniger günstige Himmelsrichtungen bis hin zur absolut ungünstigsten Himmelsrichtung aufstellen. Außerdem definieren die Gua-Zahlen die Zugehörigkeit zu zwei verschiedenen Lebensgruppen: Die Östliche Gruppe mit den Gua-Zahlen 1, 3, 4 und 9 und die Westliche Gruppe mit den Gua-Zahlen 2, 5, 6, 7 und 8. Damit ergibt sich schon eine leicht erfassbare, wenn auch grobe Zuordnung der Eigenschaften. So sollten Menschen der Östlichen Gruppe Häuser und Wohnungen mit östlicher Ausrichtung bevorzugen, Menschen der Westlichen Gruppe solche mit westlicher Ausrichtung.

DIE ACHT HÄUSER

Noch differenzierter wird das Bild, wenn man den Gua-Zahlen die so genannten Acht Häuser und ihre Bedeutungen zuordnet. Das Modell der Acht Häuser beschreibt jeweils vier verschiedene Arten des Glücks und des Unglücks.

Die aus den Tabellen abzulesenden Beziehungen zwischen der persönlichen Gua-Zahl und den acht Himmelsrichtungen mit den jeweils Acht Häusern können Sie sich für die Anordnung bestimmter Plätze in Ihrem Wohnraum zunutze machen. Verlegen Sie, soweit es die bestehenden Verhältnisse zulassen, den räumlichen Schwer-

RICHTUNGSQUALITÄTEN

Himmelsrichtungen für die Ost-Gruppe

Gua-Zahl	**1**	**3**	**4**	**9**
günstigste Richtung	SO	S	N	O
	O	N	S	SO
	S	SO	O	N
	N	O	SO	S
	W	SW	NW	NO
	NO	NW	SW	W
	NW	NO	W	SW
ungünstigste Richtung	SW	W	NO	NW

Himmelsrichtungen für die West-Gruppe

Gua-Zahl	**2**	**6**	**7**	**8**
günstigste Richtung	NO	W	NW	SW
	W	NO	SW	NW
	NW	SW	NO	W
	SW	NW	W	NO
	O	SO	N	S
	SO	O	S	N
	S	N	SO	O
ungünstigste Richtung	N	S	O	SO

VERBINDUNG DER GUA-ZAHL MIT DEN ACHT HÄUSERN

Die Gua-Zahl in den Acht Häusern: Günstige Richtungen

Gua-Zahl	1	2	3	4	6	7	8	9
Sheng Chi: Erfolg, Glück	SO	NO	S	N	W	NW	SW	O
Tien Yi: Geborgenheit, Gesundheit	O	W	N	S	NO	SW	NW	SO
Nien Yen: Liebe, Harmonie	S	NW	SO	O	SW	NO	W	N
Fu Wei: Persönliche Entwicklung	N	SW	O	SO	NW	W	NO	S

Die Gua-Zahl in den Acht Häusern: Ungünstige Richtungen

Gua-Zahl	1	2	3	4	6	7	8	9
Ho Hai: Probleme, Missgeschicke	W	O	SW	NW	SO	N	S	NO
Wu Kwei: Hindernisse, Irritation	NO	SO	NW	SW	O	S	N	W
Lui Sha: Streit, Verluste	NW	S	NO	W	N	SO	O	SW
Chueh Ming: Untergang, Tod	SW	N	W	NO	S	O	SO	NW

punkt in die für Sie günstigste Richtung. Bei der Auswahl des Schlafplatzes oder der Sitzposition am Schreibtisch können Sie mit Hilfe der Übersicht auch Prioritäten setzen und die Bereiche besonders aktivieren, die Ihnen gerade wichtig sind: Geld oder Liebe, Gesundheit oder Macht, berufliches Fortkommen oder familiäres Glück.

DIE EIGENSCHAFTEN DER ACHT HÄUSER:

Cheng Chi: ein Haus der Fülle und des Lebens. Hier ist ein Ort, an dem Reichtum entstehen kann. Ideal ist dieses Haus für die Einrichtung eines Arbeitszimmers, aber auch ein Wohnzimmer, in dem ein quirliges Familienleben erwünscht ist, hat hier seinen Platz. Eher unpassend ist die Energie dieses Hauses für ein Schlafzimmer. Das dem Cheng Chi zugeordnete Element ist Holz. Deshalb lässt es sich mit Wasser-Einfluss fördern.

Tien Yi: Dieses Haus steht mit der Gesundheit in Verbindung. Seine Energien vermitteln Geborgenheit, unterstützen körperliche Heilung und geistige Regeneration, weshalb im häuslichen Bereich Kinderzimmer und Schlafzimmer für diesen Einfluss die geeignete Nutzung sind. Sein Element ist die Erde, deren Eigenschaften durch Feuer-Applikationen verstärkt werden kann.

貳拾
HONG KONG
1979
10

Mit Hilfe der persönlichen Gua-Zahl lassen sich gezielt die Orte im Haus oder in der Wohnung aktivieren, die eine besondere Bedeutung für Sie haben. Die Bereiche, die dem Metall-Element zugeordnet sind, stehen dabei in Verbindung mit Reichtum.

Nien Yen: Die Energien dieses Hauses sorgen für Harmonie. Gefördert werden Langlebigkeit, aber auch die Liebe zwischen zwei Lebenspartnern. Wer ein langes Leben sucht, Schlafstörungen heilen will oder die Beziehung zu stärken versucht, sollte dieses Haus für seinen Lebensmittelpunkt wählen. Das Element ist Metall, aus diesem Grund lässt sich der positive Effekt mit Erde-Gegenständen noch steigern.

Fu Wei: Hier geht es um die persönliche Entwicklung des Einzelnen. Dieses Haus repräsentiert den Eingangsbereich und stabile, geordnete Verhältnisse. Gefördert werden alle Lebensentscheidungen, die mit Ausbildung und Berufsausübung in Zusammenhang stehen. Als Element ist diesem Haus Holz zugeordnet. Seine gute Wirkung kann mit Wasser aktiviert werden.

Ho Hei: Ein Haus, das kleinere Unfälle, aber auch Streit anzieht. Es ist für effektives, nachhaltiges Handeln nicht geeignet. Deshalb sollten unter seinem Einfluss keine Arbeitszimmer oder Werkstätten eingerichtet werden. Ihm ist das Erde-Element zugeordnet, somit kann seine Wirkung mit Metall gemildert werden.

Wu Kwei: Stete und allgegenwärtige Behinderungen ruft die Energie dieses Hauses hervor. Diese sind vor allem kriminelle Aktivitäten wie Betrug oder Einbruch, unter denen diejenigen zu leiden haben, die davon bestrahlt werden. Auch können Lebenskrisen aufgrund schwindender Orientierung ausgelöst werden. Auf der anderen Seite kann das »Einbrechen« fremder Energien für Künstler, Kreative oder besonders spirituell begabte Menschen auch eine Bereicherung bedeuten. Wu Kwei ist dem Feuer zugeordnet, daher können seine unangenehmen Folgen mit Erde-Energie abgeleitet werden.

Lui Sha: Die Energie dieses Hauses bewirkt Verluste, Streitereien, Missverständnisse, sozialen Abstieg oder zumindest einen Verlust an öffentlichem Ansehen. Räume dieser Richtung sollten einfachen Arbeiten oder Lagerzwecke vorbehalten sein. Ihr Element ist das Wasser. Heilmittel gegen dessen negativen Einfluss ist Holz.

Chueh Ming: Dieses Haus wird mit dem Sterben in Verbindung gebracht. Es ist grundsätzlich zu meiden, auch wenn die Berührung mit ihrer Energie natürlich nicht den sofortigen Tod zur Folge hat. Es geht im übertragenen Sinne um einen Abschluss und um das Loslassen, was im Einzelfall – etwa bei Süchtigen oder bei Menschen, die einen Partner verloren haben – letztlich auch eine befreiende Wirkung haben kann. Die problematischen Metall-Qualitäten könnten mit Hilfe von Wasser-Energie kontrolliert werden.

DIE FÜNF ELEMENTE

Beim Betrachten der Prinzipien des Chi und von Yin und Yang fällt als übergreifende Gemeinsamkeit ein Denkmuster auf, das die Welt nicht in verschiedene Einzelphänomene aufteilt, sondern versucht, die unterschiedlichsten Erscheinungen in ein einheitliches System zu integrieren, in dem jedes Einzelteil mit jedem anderen Teil zusammenhängt. Wenn der Mensch etwas in seiner Umgebung ändert, muss er damit rechnen, dass sich nicht nur das gewünschte Ergebnis einstellt, sondern es an anderer Stelle zu einer Verschlechterung kommt, die unter Umständen den gewonnenen Vorteil aufheben kann. Dazu gehört auch das Modell der Fünf Elemente. Es erweitert, vertieft und differenziert die zweipolige Energieverteilung von Yin und Yang.

Die Unterscheidung der Elemente mit der Zuordnung verschiedener Eigenschaften kennen alle alten Hochkulturen. Das Zusammenwirken dieser Kräfte kann sowohl aufbauende als auch zerstörerische Wirkung haben. Es kommt darauf an, in welcher Beziehung die Elemente zueinander stehen.

In der altägyptischen und antiken griechischen Welt, in deren geistesgeschichtlicher Nachfolge die Europäer stehen, sind diese Elemente Feuer, Wasser, Erde und Luft. Die 3 000-jährige Vorstellung der Chinesen von den Grundelementen enthält allerdings fünf Bestandteile: Holz, Feuer, Erde, Metall und Wasser. Wie das gesamte fernöstliche Wissen beruht auch die Symbolik der Fünf Elemente auf der Beobachtung der natürlichen Prozesse und auf reichlich Lebenserfahrung.

Dies erschließt sich auch beim Ablauf der Jahreszeiten: Nach dem Beginn, dem Aufbruch und der Kraftentfaltung des Frühlings folgen die Wärme und die Lebensfreude des Sommers. Im Herbst lässt diese Kraft nach und die Natur stellt sich auf den Winter ein, in dessen stiller Kühle die ungeheuren Wandlungskräfte der Schöpfung unter feuchter Erde und Eispanzern bis zum nächsten Frühjahr unsichtbar wirken. Die Fünf Elemente sind deshalb direkt den Jahreszeiten zugeordnet. Anders als die viergliedrige Jahresaufteilung der Kalender des Okzidents ist das chinesische Jahr in fünf Abschnitte aufgeteilt. Die Zeit zwischen Sommer und Winter wird in zwei Jahreszeiten aufgeteilt: in einen Herbst als Ausklang des Sommers und in einen Spätherbst, der bereits dem Winter nahe steht.

DIE EIGENSCHAFTEN DER FÜNF ELEMENTE

❖ **Holz** steht für die aufwärts strebende Energie des Frühlings, die sich weit ausdehnt. Ein Baum im Frühjahr kann als anschauliches Beispiel dienen: Er treibt aus und wächst in alle Richtungen. Seine Farbe ist grün – nicht nur wegen der Farbe von Blättern und frischen Trieben, sondern auch als Mischung aus dem Blau des Wassers und dem Gelb der Sonne. Beide Elemente sind nötig, damit das Holz wachsen, elastisch und gleichzeitig stark werden kann. Die Formen, die mit dieser Energie verbunden sind, wirken hoch und aufrecht – wie in die Höhe strebende Quader oder Säulen. Der lebendige, nährende Charakter des Holz-Elements fördert nicht nur Esszimmer, Kinderzimmer oder Schlafzimmer, sondern auch andere Räume und Gebäude, sofern sie einem sozialen Zweck (Kindergärten), der Entfaltung von Kreativität (Künstlerateliers) oder der Ernährung (Restaurants) dienen.

❖ **Feuer** repräsentiert die Farbenpracht und die Hitze des Sommers. Dem Chi des Feuers sind Wärme, Leidenschaft, aber auch Aufregung zugeordnet. Als Farben sind ihm alle Rottöne zugeordnet, auch Blut. Das Feuer-Element erstreckt sich ebenso auf alles andere, was Menschen produzieren, da nur sie den Gebrauch des Feuers kennen. Feuer setzt zudem chemische Prozesse in Gang, weshalb auch Kunststoffe unter dieses Element gezählt werden. Im Feng Shui wird dennoch von der Verwendung von Kunststoffen abgeraten, da sie dem Chi schaden. Feuer-Formen sind spitzwinklig, weshalb sich in den tropischen Gebieten Südostasiens häufig spitze Dächer finden, die den vielfach verheerenden Regenfällen des Monsuns die Energie des Feuers entgegensetzen sollen. Deckt das spitze Dach allerdings ein sehr hohes Gebäude, zum Beispiel einen Kirchturm, erhöht es die Brandgefahr. Des Weiteren steht das Feuer-Element für besondere intellektuelle Leistungen, wodurch dessen Energie für Schulen, Universitäten oder Arbeitsplätze kreativer Menschen genutzt werden kann.

❖ **Erde** steht für den Herbst, seine Fruchtbarkeit und die Melancholie, die sich am Übergang zum Spätherbst einstellt. Alles, was Erde-Energie besitzt, findet sich in Bodennähe oder in horizontalen Linien. Die Formen sind gedrungen, breit und niedrig. Da Baumaterialien wie Ziegelstein, Ton oder Beton dem Erde-Element zugerechnet werden, gelten auch für Gebäude, die daraus gebaut werden, die Erde-Merkmale. Als besonders harmonisch gilt in Asien ein Ziegelbau mit spitzem Dach: Hier verbinden sich die Energien von

Feuer und Erde auf eine Weise, die Glück und Wohlstand ebenso verspricht wie Bequemlichkeit, Sicherheit und Beständigkeit. Wo allerdings eine sehr starke Erde-Energie wirksam ist, lassen sich die Räumlichkeiten nur als Vorratskammern oder als Lagerhäuser nutzen.

Metallische Münzen
Selbst die runden Münzen des chinesischen Kaiserreichs, die ein quadratisches Loch in der Mitte hatten, zeigten gute Feng-Shui-Eigenschaften. Zudem war diese Form praktisch, da die Münzen aufgefädelt und um den Hals getragen werden konnten.

❖ **Metall** repräsentiert die sich verdichtende Materie im Spätherbst. Da es durch Druck und chemische Prozesse in der Erde entstand, sind im Metall die stärksten Energien gespeichert. Weil Münzen und damit alle Geldangelegenheiten dem Metall-Element zugeordnet sind, wird dieses im Feng Shui mit Wohlstand in Verbindung gebracht. Charakteristisch für dieses Element ist die runde Form im Sinne eines Kreisbogens oder einer Kuppel in der Architektur. Daher ist es kein Zufall, dass in den meisten orientalischen Ländern Sakralbauten wie Moscheen oder Tempel, aber auch Geschäftsgebäude und Bankhäuser mit prachtvollen Kuppeln ausgestattet sind. Runde Gewölbe oder Zierbögen können selbst dort für Metall-Energie sorgen, wo Kuppeln aus finanziellen oder architektonischen Gründen nicht angebracht sind. Das Chi des Metalls begünstigt zusätzlich alle Orte, an denen Gegenstände aus Metall hergestellt oder gehandelt werden, zum Beispiel ein Stahlwerk oder ein Juweliergeschäft. Es kann durch Metall-Einfluss allerdings auch zu Verhärtungen und Erstarrung kommen. So stört vor allem im Wohnbereich kompromissloses Gewinnstreben die familiäre Harmonie – das Chi des Metalls sollte sich nur in eigens dafür eingerichteten Arbeitsräumen entfalten können.

❖ **Wasser** als Element ist der Winter zugeordnet. Das Nass ist für ein gutes Feng Shui außerordentlich bedeutsam. Allerdings bringt zu viel Feuchtigkeit im Haus die Gefahr von stagnierendem Chi mit sich. Da Wasser kosmische Energie anzieht, sollten Sie dafür sorgen, dass sich Wasserfälle, Springbrunnen, Schwimmbecken oder zumindest ein Aquarium in Ihrer unmittelbaren Umgebung befinden. Ist das nicht möglich, schaffen Fotografien, Gemälde oder Zeichnungen von Wasserflächen an den Wänden Abhilfe. Weitere Eigenschaften des Chi des Wassers sind Flexibilität, Kraft und Kommunikationsfähigkeit, daher beeinflusst das Wasser-Element Kunst und Kultur, die Medien, die Werbung, das Postwesen und die Telekommunikation günstig.

IE FÜNF ELEMENTE UND DIE IHNEN UGEORDNETEN EIGENSCHAFTEN

	Holz	Feuer	Erde	Metall	Wasser
htung	Osten	Süden	Mitte	Westen	Norden
reszeit	Frühling	Sommer	Spätsommer	Herbst	Winter
geszeit	Morgen	Mittag	früher Nachmittag	Nachmittag	Abend
rm	stehend rechteckig, aufstrebend, zylindrisch	spitz	liegend rechteckig, quadratisch, flach	rund, kugelförmig, oval	wellenförmig, ohne feste Form
ngebung	hohe Berge, Wald	Gebirge mit spitzen Gipfeln	flache Ebene, Plateau	Hügellandschaft	Gewässer
uwerk	Turm, Hochhaus, Schlot	spitzes Dach	flaches Dach, Betonung der Horizontalen	Kuppel, Bogenform	Glasfassade, unregelmäßige Form
terial	Holz, Kork, Bambus, Korbgeflecht	Kunststoff Glas	Keramik, Porzellan	Metall	Glas
ster	vertikale Linien	Dreiecke, gezackte Linien	horizontale Linien, Marmorierung	Punkt, Halbkreis, Kreis	Wellenlinie, unregelmäßiges Muster

Wasser ist ein wichtiges Element des Feng Shui: Es fördert Kommunikationsfähigkeit und Flexibilität. Deshalb sollten Sie sich die starke Energie des Wassers mit einem Zimmerspringbrunnen oder einem Aquarium ins Haus holen.

ENTSTEHENS- UND ZERSTÖRUNGSKREISLÄUFE

Das Modell der Fünf Elemente ist ein System voller Dynamik. Keiner der Prozesse entwickelt sich unabhängig von den anderen. Jedes Element geht aus einem anderen hervor und zerstört wiederum ein anderes. Diese Beziehungen der Elemente untereinander werden durch zwei Zyklen dargestellt. Am ersten Kreislauf, dem Entstehungszyklus, lässt sich ablesen, wie ein Element das andere nährt und sich dabei gleichzeitig schwächt. Der Zerstörungskreislauf beschreibt die hemmende Wirkung der Elemente aufeinander. Bei einem harmonischen Gleichgewicht der Elemente entsteht so eine Abfolge des Werdens und Vergehens.

Diese kontrollierenden und zerstörerischen Eigenschaften sind nicht grundsätzlich negativ zu bewerten, sondern müssen, wie bei allen Systemen fernöst-

Der Entstehungszyklus

**Holz ist ein Brennstoff und nährt Feuer.
Feuer verbrennt zu Asche und Asche nährt die Erde.
In der Erde entsteht Metall.
Metall kann in einen flüssigen Zustand gebracht werden und nährt damit das Wasser.
Wasser nährt den Baum und damit das Holz.**

lichen Wissens, in einem harmonischen Verhältnis zueinander stehen. Im Feng Shui heißt dies, dass Sie eine unbefriedigende Lebenssituation, die vielleicht durch das Übermaß einer Energie hervorgerufen wurde, verbessern können, indem Sie ein anderes Element stärker betonen, das das vorherrschende Element ausgleicht oder abschwächt.

Der Zerstörungszyklus

Holz benötigt zum Wachsen Energie aus der Erde. Erde kann Wasser in sich aufnehmen. Wasser löscht Feuer. Feuer bringt Metall zum Schmelzen. Mit Werkzeug aus Metall kann man Holz zerstören.

Mit Hilfe der bereits vorgestellten Vorgehensweisen des Feng Shui können Sie bereits erste kleine Veränderungen Ihrer Wohnsituation vornehmen. Nutzen Sie beispielsweise die Abfolge des Entstehungszyklus für eine Glück bringende Farbkombination: Da Holz Feuer nährt, können Sie die Feuer-Eigenschaften eines Raums mit der Verbindung von grüner und roter Farbe fördern. Um das Feuer-Element eines nach Süden hin ausgerichteten Zimmers abzumildern, lassen Sie die Erde-Energie wirken. Das kann die Verwendung von Erde selbst sein, etwa bei einer Topfpflanze oder niedrige Gefäße aus Terrakotta oder Ton, aber auch eine Farbgebung in Gelb, Braun oder Orange.

WEITERE ZUORDNUNGEN

Neben der sich in der Gua-Zahl zeigenden Bindung des Menschen an eine bestimmte Himmelsrichtung kennt die Feng-Shui-Tradition noch weitere Zuordnungen, die die Acht Himmelsrichtungen betreffen. So wird jede Richtung durch ein Familienmitglied repräsentiert. Die am alten chinesischen Familienbild orientierte Einteilung ist heutzutage zwar weder in China noch in Europa direkt anwendbar, jedoch gibt es unter den Menschen der unmittelbaren Umgebung möglicherweise Personen in ähnlicher Funktion, im gleichen Alter oder in vergleichbarer gesellschaftlicher Stellung, die Sie für die fehlenden Familienmitglieder einsetzen können.

Daneben ist jede Himmelsrichtung einer bestimmten Farbe sowie einem der Fünf Elemente zugeordnet. Da die Sonne jede der Acht Himmelsrichtungen zu einem bestimmten Zeitpunkt des Tages durchläuft, ergibt sich wiederum eine Verknüpfung zwischen Himmelsrichtung und jener Tageszeit, an der die charakteristische Energie am stärksten wirksam sein soll. Diese Zuordnung lässt sich sinngemäß auch auf die Jahreszeiten übertragen.

Bildliches Verständnis
Wie viele Deutungen des Feng Shui ist auch das Motiv der Familienmitglieder als Acht Himmelsrichtungen nur als Bild zu verstehen.

DIE ACHT TRIGRAMME

In China ist jedem dieser Acht Himmelsrichtungen ein Symbol zugeordnet. Es handelt sich dabei um ein so genanntes Trigramm, einem aus drei Linien bestehenden Zeichen. Diese Linien sind entweder durchgezogen oder in der Mitte unterbrochen. Die durchgezogene Linie steht für Yang, die unterbrochene für Yin. Diese drei Linien werden von unten nach oben betrachtet. Die untere Linie stellt die Basis dar, welche die darüber liegenden Prinzipien stützt. Ein stabiles Element ist an zwei durchgezogenen Yang-Linien erkennbar. Wasser hingegen hat die Reihenfolge Yin-Yang-Yin. Damit wird zum einen viel über die Flüchtigkeit dieses Elements ausgesagt, zum anderen signalisiert die Yang-Linie in der Mitte, dass dem Wasser eine von außen nicht gleich sichtbare Stärke innewohnt. Das stärkste Element ist Metall mit drei Yang-Linien, das schwächste Element ist die Erde mit drei Yin-Linien. Bei der Bewertung der Zeichen im Hinblick auf Stärke und Schwäche ist aber stets zu beachten, dass diese nicht absolut sind.

Die Trigramme entstammen dem vor rund 4 000 Jahren erschienenen »I Ging«, dem »Buch der Wandlungen«, das als Grundlage vieler chinesischer Philosophierichtungen diente. Es umfasst 64 Kapitel, deren Überschriften jeweils als Hexagramm, also einem aus sechs Zeilen gebildeten Zeichen, dargestellt sind. Diese Sechszeiler lassen sich waagerecht an der Mittelachse teilen, wodurch insgesamt 128 Trigramme mit jeweils eigenem Sinngehalt entstehen.

Für die moderne Feng-Shui-Praxis reicht es allerdings aus, die Anteile an Yin und Yang, die durch die Trigramme den Acht Himmelsrichtungen zugeordnet werden, zu erkennen. Denn die Himmelsrichtungen kennzeichnen acht verschiedene Charaktere des Chi, deren Eigenschaften in der folgenden Tabelle zusammengefasst sind.

DIE ACHT CHARAKTERE DES CHI

Norden

Trigramm: Yin-Yang-Yin
Gua-Zahl: 1
Farbe: Cremeweiß
Jahreszeit: Winter
Element: Wasser
Familienmitglied: Mittlerer Sohn
Tageszeit: Abend

Der Anfang ist gemacht, aber noch ist nichts sichtbar. Unter einer kalten und feuchten Oberfläche findet die Verwandlung statt. Das Trigramm zeigt Stabilität im Inneren, es steht für Vitalität und Aktivität, der mittlere Sohn für den baldigen Beginn einer neuen Zukunft.

Nordosten

Trigramm: Yang-Yin-Yin
Gua-Zahl: 8
Farbe: Weiß
Jahreszeit: Winterende
Element: Erde
Familienmitglied: Jüngster Sohn
Tageszeit: Früher Morgen

Das Kind entwickelt eine eigene Persönlichkeit, ist aber noch ungeformt und labil. Das Trigramm zeigt eine instabile Yin-Basis, darauf ein weiteres Yin, erst dann folgt das Yang, das eine Stabilisierung durch das Erde-Element anzeigt. Das Weiß repräsentiert die Reinheit eines Wintermorgens, dem ein ungewisser Tag mit allen Chancen und Risiken folgen wird.

Osten

Trigramm: Yin-Yin-Yang
Gua-Zahl: 3
Element: Holz
Familienmitglied: Ältester Sohn

Farbe: Grün

Tageszeit: Morgen

Jahreszeit: Frühling

Es ist die Zeit des Pläneschmiedens, eine Phase des Neuanfangs. Das Trigramm steht auf einer stabilen Yang-Basis, aber darüber ist das doppelte Yin noch formbar. Das Holz steht für Wachstum, der älteste Sohn für einen bevorstehenden Generationenwechsel in der Familie.

Südosten

Trigramm: Yang-Yang-Yin

Element: Holz

Gua-Zahl: 4

Familienmitglied: Älteste Tochter

Farbe: Blau, Dunkelgrün

Tageszeit: Vormittag

Jahreszeit: Frühsommer

Eine Zeit von Stabilität und Fortschritt ist angebrochen. Deshalb führen Geschäftigkeit und Besonnenheit zu Erfolgen. Vor allem im familiären Bereich kommt es zu langfristigen, stabilen Beziehungen. Die älteste Tochter steht für Sanftmut und für die Chancen der nächsten Generation. Die lebensspendende Kraft der Holz-Energie hält an. Das Element symbolisiert die aufstrebende Kraft, die Wachstum und Entwicklung bedeutet.

Süden

Trigramm: Yang-Yin-Yang
Gua-Zahl: 9
Farbe: Purpur
Jahreszeit: Hochsommer

Element: Feuer
Familienmitglied: Mittlere Tochter
Tageszeit: Mittag

Jetzt kann mit der Ernte begonnen werden. Das Leben ist auf seinem Höhepunkt. Das Trigramm verspricht Aktivität nach außen, aber weiches Fließen im Inneren. Die gesellschaftliche Anerkennung in dieser Phase verbindet sich mit der Geselligkeit der mittleren Tochter.

Südwesten

Trigramm: Yin-Yin-Yin
Gua-Zahl: 2
Farbe: Schwarz
Jahreszeit: Spätsommer

Element: Erde
Familienmitglied: Mutter
Tageszeit: Nachmittag

Die Familie und das Bewahren des Erreichten stehen im Vordergrund dieser Phase. Das Trigramm weist auf eine Dominanz des Weiblichen hin; die Erde-Energie vermittelt Sicherheit. Dieses Trigramm steht für Gemeinsamkeit und Zusammenarbeit.

Westen

Trigramm: Yin-Yang-Yang
Element: Metall
Gua-Zahl: 7
Familienmitglied: Jüngste Tochter
Farbe: Rot
Tageszeit: früher Abend
Jahreszeit: Herbst

Diese Himmelsrichtung steht auch für den Sonnenuntergang. Es ist Zeit, den Tag loszulassen und zu entspannen. Metall-Energie verspricht finanzielle Erfolge, die jüngste Tochter steht für spielerische Leichtigkeit.

Das Zentrum

Neben diesen Acht Himmelsrichtungen gibt es auf dem chinesischen Kompass und auf dem Lo-Shu-Quadrat noch einen weiteren Bereich: das Zentrum. Diese Energie der Mitte ist dem Element Erde, der Gua-Zahl 5 und der Farbe Gelb zugeordnet. Es ist die stärkste Kraft überhaupt und besitzt gleichermaßen aufbauende wie zerstörerische Energien. Im Feng Shui bezeichnet es die Mitte des Hauses oder der Wohnung. Wenn irgend möglich, sollte dieser Bereich Ihres Wohnraums frei gehalten werden.

Nordwesten

Trigramm: Yang-Yang-Yang
Gua-Zahl: 6
Farbe: Silbergrau
Jahreszeit: Spätherbst
Element: Metall
Familienmitglied: Vater
Tageszeit: Abend

Hier herrscht die Abgeklärtheit des Alters. Der Vater steht für Autorität und Führung, die drei Yang-Linien zeigen mächtige Energien. Verantwortungsbewusstsein und Strenge bestimmen das Chi ebenso wie Würde und Stolz. Das Bild bedeutet eine Abwendung vom Irdischen und Materiellen hin zum Geistigen und Schöpferischen.

DIE EIGENSCHAFTEN DER MATERIALIEN

Die Energien der Acht Himmelsrichtungen können Sie durch die bewusste Auswahl von Materialien, Formen und Farben beeinflussen und im Hinblick auf Ihr Wohlbefinden gestalten. Als Faustregel gilt, dass glatte Oberflächen wie Glas oder poliertes Holz das Chi beschleunigen, raue oder weiche Oberflächen, zum Beispiel von Textilien oder Pflanzenfasern, den Chi-Strom verlangsamen. Wenn Sie schwere Teppiche – die zum Yin gezählt werden – mögen, aber trotzdem eine anregende Atmosphäre schätzen, können Sie den Charakter des Raumes durch großzügig verglaste Schrankfronten oder Gegenstände aus Metall entsprechend verändern. Einem Übermaß an Wasser-Energie in einem nach Norden ausgerichteten Raum lässt sich mit dem Einsatz von Holz entgegenwirken, denn Holz kontrolliert Wasser.

❖ **Holz** verhält sich den Chi-Energien gegenüber grundsätzlich neutral und schafft für jeden Raum eine entspannte Atmosphäre. Allerdings zeigen verschiedene Holzarten und Oberflächenbehandlungen unterschiedliche Wirkung. Unbehandeltes Weichholz hat mit seiner rauen Oberfläche einen verlangsamenden Effekt. Harthölzer wie Eiche oder Nussbaum, insbesondere wenn sie auf Hochglanz poliert sind, beschleunigen den Energiestrom. Holz passt gut in den Norden, wo es auf die Wasser-Energie beruhigend wirkt und gut mit Metall, Stein und Glas harmoniert. Im Osten entfaltet Holz seine das Wachstum fördernden Eigenschaften, die durch Glas verstärkt werden können. Diese Eigenschaften gelten auch für Rattan-, Weiden- und Bambusmöbel.

❖ **Stein** besitzt überwiegend Yang-Eigenschaften. Während Natursteinwände durch die unregelmäßige Oberfläche zu einer Streuung der Energie beitragen, fördert polierter Stein eine anregende Atmosphäre. Der stark gehemmte Chi-Fluss eines fensterlosen Badezimmers kann beispielsweise mit hellem Marmor deutlich beschleunigt werden. Härtere Steinsorten verstärken die Energien des Nordens, beruhigen die Energien des Nordostens und des Südwestens. Sie bewahren auch das Chi des Westens und Nordwestens. Weichere

Steinsorten bewahren im Nordosten und Südwesten, beruhigen im Süden und verstärken im Westen und Nordwesten.

❖ **Terrakotta und Keramik** vertreten die Erde-Energie und besitzen daher mehr Yin-Eigenschaften. Sie bewahren aus diesem Grund das nordöstliche Chi. Diese Wirkung kann durch Metall oder harten Stein unterstützt werden. In südlicher Richtung wird das Feuer-Element gedämpft, in südwestlicher Richtung bewahrt. Im Westen und Nordwesten fördern Terrakotta und Keramik die dort auftretenden stabilisierenden Wirkungen.

❖ **Glas** hat stärkere Yang-Eigenschaften. Wegen seiner spürbaren Chi-Beschleunigung sollte es wohl überlegt eingesetzt werden. Es bewahrt die gewaltigen, im Verborgenen wirkenden Energien des Nordens. Die Aufbruchstimmung aus östlicher und südöstlicher Richtung wird von Glas noch intensiviert. Wenn ein Ausgleich notwendig ist, hilft eine Kombination aus Holz und Pflanzenfasern. Im Westen überwiegen bei Verwendung von Glas die negativen Einflüsse, denn das Material schwächt sowohl den materiellen Erfolg als auch den Lebensgenuss, die Zufriedenheit und die Zärtlichkeit. Zu einer Harmonisierung tragen Terrakotta, weicher Stein und Stoffe bei.

❖ **Stoffe** verlangsamen den Chi-Strom und haben grundsätzlich eine entspannende Wirkung. Geeignete Einsatzorte sind das Wohn- und das Schlafzimmer, wobei die üppige Ausstattung mit schweren Stoffen allerdings das Risiko der Stagnation birgt. Stoff fördert die Stabilität schaffende Energie des Nordens; einen Ausgleich dazu schaffen Sie mit hartem Stein, Glas und Metall.

❖ **Pflanzenfasern** werden gern für Fußmatten oder Wandbehänge verwendet. Seegras, Sisal, Binsen oder Kokos haben durch die raue, unregelmäßige Oberfläche verlangsamende Wirkung auf den Chi-Strom. In einem sehr langen, engen Korridor können sie demzufolge segensreich wirken. Pflanzenfasern passen gut in den Norden, wo sie mit ihrer Holz-Energie den Wasser-Einfluss kontrollieren. Im Osten und Südosten bewahren sie die Kräfte des Neubeginns, im Süden verstärken sie die dort vorherrschenden starken Emotionen. Wenn im Süden das Feuer-Element zu dominant wird, wirken Stoffe, Terrakotta und weicher Stein harmonisierend.

❖ **Metall** ist ein typisches Yang-Material. Üblicherweise findet es sich in kleineren Stücken wie bei Besteck, Armaturen oder Kochgeschirr. Bei stockendem Chi kann mit Schalen, Ziertellern oder anderen kleinen Metallgegenständen Abhilfe geschaffen werden.

DIE EIGENSCHAFTEN DER FARBEN

Ähnlich wie das Material der Gegenstände sind Farben eine Möglichkeit, das Chi Ihrer Wohnung positiv zu gestalten. Die Wirkung einer Farbe hängt von der Farbintensität und der Größe ihrer Fläche ab. Wenn Sie beispielsweise die Energie des Westens, die für Zufriedenheit, Zärtlichkeit und Wohlstand steht, zusätzlich stimulieren wollen, benötigen Sie Rot. Entscheiden Sie sich für Blassrot oder helles Rosa, ist eine ganze Wand nicht zu viel. Bei einem kräftigen Rotton sollten Sie sich auf Akzente beschränken: wie nur wenige oder kleine rote Flecken im Muster des Sofabezugs oder ein rotes Kissen im Sessel. Aus den Farben der Acht Himmelsrichtungen ergibt sich eine Auswahl von zehn Farben (dem Südosten sind zwei Farben zugeordnet und die Mitte strahlt in Gelb). Mit unterschiedlichen Abstufungen, Schattierungen und Mischungen ergibt sich daraus eine reiche Palette.

❖ **Cremeweiß** hängt mit den stillen, verborgen wirkenden Kräften des Nordens zusammen, die Ruhe, inneres Wachstum, Kreativität und Spiritualität fördern. Damit eignet es sich für ein Schlafzimmer oder einen Meditationsraum. Es verstärkt außerdem die Kräfte des Ostens und Südostens und schwächt in Richtung Westen und Nordwesten.

Blumen mit ihren unterschiedlichen Düften, Formen und Farben sind wunderbare Hilfsmittel, um positive Energien zu verstärken.

❖ **Reinweiß** ist die Farbe des Nordostens, der für Übergang steht und mit Motivation und Lebensplanung verknüpft ist. Weiß passt also in das Arbeitszimmer eines Menschen am Beginn der Karriere oder in ein Kinderzimmer, denn das dem Nordosten zugeordnete Familienmitglied ist der Jüngste Sohn. Weiß verstärkt die Einflüsse aus Norden, Westen und Nordwesten, bewahrt jene aus Nordosten und Südwesten.

❖ **Grün** ist mit Aufbruch, Selbstvertrauen, Erfolg und Karriere verbunden. Es ist daher günstig für einen Büroraum, aber auch für ein Wohnzimmer, das aufmunternde Wirkung entfalten soll. Die starke Holz-Energie, die mit der östlichen Richtung verbunden ist, macht Grün auch zur idealen Farbe für Räume mit Wasser-Dominanz, wie das Bad oder die Küche. Grün bewahrt die Kräfte des Ostens wie des Südostens und verstärkt die Einflüsse des Südens.

❖ **Dunkelgrün** repräsentiert zusammen mit Blau den Südosten. Dessen Kräfte sind denen des Ostens ähnlich, aber weniger intensiv. Dunkelgrün ist eine Farbe für Räume, in denen man sich länger aufhält. Es kommt besonders gut in Kombination mit Gelb zur Geltung. Es schwächt die Energien des Nordens, bewahrt die Kräfte des Ostens und Südostens, und stärkt das Chi des Südens.

❖ **Blau** hat die gleichen Eigenschaften wie Grün. Die Mischung der beiden vom Südosten geprägten Farben Dunkelgrün und Blau ist Türkis beziehungsweise Petrol. Dieser Farbton eignet sich überall dort, wo die Leben spendende Kraft des Holz-Elements leicht verstärkt werden soll.

❖ **Purpur** ist die Farbe des Südens unter Herrschaft des Feuer-Elements. Da es unter anderem für gesellschaftliche Anerkennung und Geselligkeit steht, eignet es sich beispielsweise für das Wohnzimmer einer gastfreundlichen Familie. Purpur verstärkt die Kräfte des Nordostens und Südwestens, bewahrt die Energie des Südens und schwächt Einflüsse aus östlicher und südöstlicher Richtung.

❖ **Schwarz** steht mit dem Erde-Element für harmonisches Familienleben und die Festigung von Erfolgen. Zwar wird niemand seine Wohnung großflächig in Schwarz gestalten, doch können schwarz lackierte Möbel reizvolle Akzente setzen und zu starke Feuer-Einflüsse kontrollieren. Schwarz verstärkt westliche und nordwestliche Einflüsse, bewahrt südwestliche und schwächt südliche Energien.

❖ **Rot** besitzt die stärksten Yang-Eigenschaften. Da es einen Bezug zu Wohlstand und Zufriedenheit hat, eignet es sich für das Wohnzimmer. Rot steht aber auch für spielerische Leichtigkeit und romantische Gefühle, so dass mit einigen Akzenten in Rot mehr Yang-Qualitäten in ein Schlafzimmer hereingebracht werden können. Rot verstärkt das Chi des Nordens, schwächt im Südwesten und bewahrt im Westen und Nordwesten.

❖ **Silbergrau** repräsentiert Strenge und Autorität, verleiht aber auch Würde und Respekt. Geeignet ist es für Räume, deren Bewohner ihre gehobene Position zeigen wollen. Silbergrau verstärkt die Energien aus Norden, bewahrt jene aus Westen und Nordwesten, und schwächt die Kräfte des Südwestens.

❖ **Gelb** ist die Farbe der vom Erde-Element beherrschten Mitte. Es passt daher zu allen Himmelsrichtungen.

DIE EIGENSCHAFTEN VON FORMEN UND MUSTERN

Schauen Sie sich einmal in Ihrer Wohnung um, und betrachten Sie die Sie umgebenden Muster: Bodenbeläge, Teppiche, Tapeten, Wandbehänge, Tischdecken, Bezugsstoffe und Vorhänge sind häufig gemustert. Auch hier können Sie mit gezieltem Einsatz Chi-Energien verstärken oder schwächen. Im Folgenden werden die fünf Elemente und die ihnen zugeordneten Eigenschaften in Hinblick auf die Muster näher erläutert.

Farben und Muster werden mit den verschiedenen Elementen assoziiert. Durch eine gezielte Stoffwahl bei Wohntextilien können Sie Energien aktivieren oder ausgleichen.

❖ **Unregelmäßige Formen sowie Wellenlinien** sind dem Wasser zugeordnet. Wasser steht sowohl im Zusammenhang mit Reichtum und Wohlstand als auch mit den stillen, jedoch intensiven Kräften des Nordens. Unregelmäßige Formen und Wellenlinien bewahren deswegen das Chi des Nordens, verstärken das Chi des Ostens und Südostens und schwächen das Chi des Westens.

❖ **Breite, flache Formen und horizontale Streifen** sind mit der Sicherheit, Verlässlichkeit und Fruchtbarkeit der Erde assoziiert. Das Erde-Element ist wiederum mit dem Nordosten verknüpft. Darum bewahren flache Formen und Querstreifen diese Energien, verstärken jene aus Westen und Nordwesten und schwächen das südliche Chi. Diese Eigenschaften gelten auch für Marmorierung, Karomuster und Rauten.

❖ **Hohe, schlanke Formen und vertikale Streifen** repräsentieren die Holz-Energie des Ostens und Südostens. Aus diesem Grund sind sie mit geschäftlicher Aktivität, beruflichem Erfolg, Karriere und Fortschritt verbunden. Sie wirken stärkend im Süden und schwächend im Norden.

❖ **Regelmäßig runde Formen** stehen im Zusammenhang mit dem Metall-Element und haben daher einen Bezug zu Geld, aber auch zu Härte, Disziplin und Ausdauer. Metall ist zudem das Element des Westens, der für Zufriedenheit, spielerische Leichtigkeit und Romantik steht. Kreise, Kreisbögen und Ovale bewahren somit die Energien aus Westen und Südwesten, stärken im Norden und schwächen im Nordosten.

❖ **Spitze Formen** wie Dreiecke, Pyramiden, Sterne oder Zickzacklinien sind mit der Energie des Feuer-Elements verbunden. Deshalb wirken Sie nach Süden hin bewahrend, nach Nordosten und Südwesten verstärkend, im Osten und Südosten schwächend.

DIE NEUN ZONEN DES BAGUA

Aus dem Modell der Acht Himmelsrichtungen und dem magischen Lo-Shu-Quadrat hat sich ein interessantes weiteres Instrument zur Beurteilung von Orten und ihrer Energiequalität entwickelt: das Bagua. Das Wort bedeutet so viel wie »Die acht Diagramme«. Das Bagua ist wie das Lo-Shu-Quadrat ein Diagramm mit neun Feldern. Allerdings ist die quadratische Form hier nicht zwingend. Da es eine tatsächliche Wohnsituation beschreiben soll, wird es in der Regel die überwiegend rechteckige Form eines Hausgrundrisses haben.

Ein solches Bagua lässt sich mit einfachen Mitteln herstellen: Am besten nehmen Sie ein Blatt Transparentpapier und teilen es in neun gleich große Rechtecke auf. Sie haben jetzt drei Zeilen in der Waagrechten und drei Spalten in der Senkrechten vor sich. In die erste Zeile schreiben Sie von links nach rechts die Begriffe »Wohlstand«, »Ruhm« und »Beziehung«. Die mittlere Zeile füllen Sie mit »Familie«, »Tai Chi« und »Kinder«. Die untere Zeile steht für »Wissen«, »Karriere« und »Hilfreiche Menschen«.

S
FRANCE

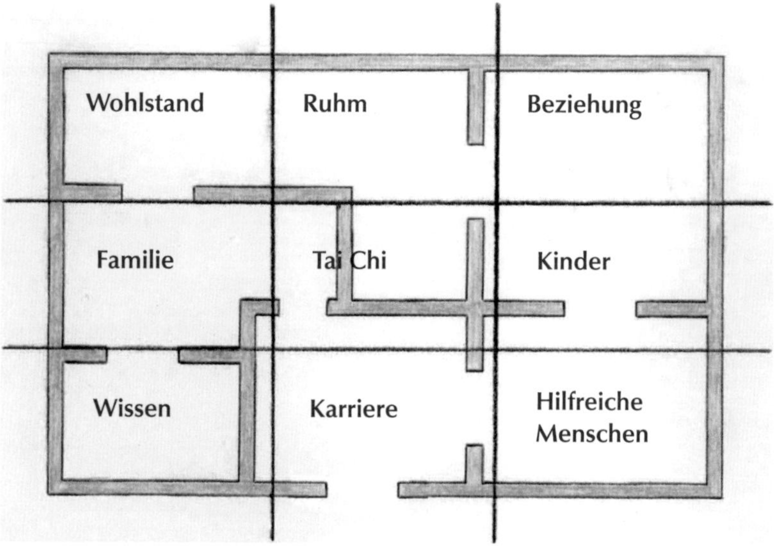

Der Grundriss Ihres Hauses lässt sich leicht mit Hilfe eines Bagua-Diagramms in einzelne Zonen, die bestimmten Lebensbereichen entsprechen, gliedern.

Auch für das Bagua-Diagramm gilt: Der untere Rand ist der Norden, rechts ist der Westen. Jedes der acht äußeren Felder entspricht einem Lebensziel. Das mittlere Feld ist das Zentrum, das hier Tai Chi genannt wird.

Dieses Transparentpapier legen Sie nun so auf die Grundrisse, die Sie untersuchen wollen, dass der Eingang nach Karriere zeigt. Unter Umständen leben Sie in einem Gebäude, dass nicht über einen rechteckigen, in sich geschlossenen Grundriss verfügt. Häufig findet man beispielsweise in L-Form um die Ecke geführte Häuser oder unregelmäßige Zuschnitte, zum Beispiel in mittelalterlichen Altstadtzentren. Das kann bedeuten, dass eine oder mehrere Bagua-Zonen nicht von der Bebauung umschlossen sind und in Ihrem Leben – so lange Sie an diesem Ort wohnen – nicht vorkommen oder nur eine untergeordnete Rolle spielen. Sie müssen in diesem Fall nicht gleich einen Wohnungswechsel ins Auge fassen. Feng Shui ist eine Lebenskunst, die Ihnen die Möglichkeit gibt, die Mängel an bestimmten Energien durch die Stärkung entgegengesetzter Energien wieder auszugleichen.

Suchen Sie mit dem Bagua-Diagramm Ihr Grundstück, die einzelnen Etagen Ihres Hauses, Ihre Wohnung, ein Zimmer oder auch Teilbereiche der Wohnungseinrichtung wie den Schreibtisch nach Schwachstellen ab. Jedes Feld symbolisiert einen Bereich Ihres Lebens. Betrachten Sie kritisch die jeweiligen Ecken: Herrscht Ordnung? Ist es sauber? Wird die Energie durch zu große, dunkle Möbelstücke behindert? Entspricht die Ausstattung dem diesem Bereich zugeordneten Lebensziel? Entsprechen die Möbel überhaupt Ihrem Lebensgefühl? Bei allen Untersuchungen, die Sie in Ihrem Wohnumfeld durchführen, ist Aufrichtigkeit gegen sich selbst wichtig. Beurteilen Sie Ihre Lebenssituation selbstkritisch und nehmen Sie sich die Zeit, die Sie brauchen, um Ihre Analyse anzustellen. Diese Klarheit über sich selbst und Ihre eigenen Erwartungen an Ihr Leben sind viel wichtiger als die buchstabengetreue Erfüllung der Feng-Shui-Gesetze. Wenn Ihnen bewusst geworden ist, warum Sie an bestimmten Punkten gescheitert sind oder warum an einer Stelle Stillstand eingetreten zu sein scheint, können Sie auch etwas dagegen tun. Schon das reicht oft, zumindest für den Anfang, um Ihr Wohlbefinden zu steigern.

DIE EIGENSCHAFTEN DER BAGUA-ZONEN

Karriere (Norden): Dieses Feld hat auch, aber nicht nur mit Ihrem Beruf zu tun. Natürlich lautet hier die zentrale Frage, ob Sie sich bei Ihrer Arbeit im richtigen Maße gefordert fühlen und welches innere Verhältnis Sie zu dieser Tätigkeit haben. Letztlich betrifft dieses Feld die Gesamtheit des Lebensweges. Hier können Sie überprüfen, ob frühere Ideale und die aktuelle Situation noch übereinstimmen. Grundsätzlich sollte dieser Bereich hell und übersichtlich eingerichtet sein, damit nicht der Blick für das Wesentliche verstellt wird.

Hilfreiche Menschen (Nordwesten): Hier herrschen die Energien, die oft unerwartete Unterstützung und freundschaftliche Hilfe bringen. Richten Sie diese Zone freundlich und großzügig ein, denn mit diesen Eigenschaften können Sie Menschen so an sich binden, dass im Ernstfall jemand da ist, der Ihnen beistehen kann.

»Reisezentrum«
Da dem Bereich »Hilfreiche Menschen« auch das Reisen zugeordnet ist, kommen hier Reisefotos und -souvenirs gut zum Einsatz.

Kinder (Westen): Dies ist ein Bereich, der mit spielerischer Aktivität zu tun hat. Hier geht es nicht nur um den leiblichen Nachwuchs, sondern – dem Karriere-Feld ähnlich – um ein Lebenswerk. Es kann sich also auch um »geistige Kinder« handeln. Sorgen Sie hier für eine Atmosphäre, die Kreativität und Inspiration sowie eigene Ideen fördert.

Beziehungen (Südwesten): Zum einen hat dieses Feld mit ihrer festen Partnerschaft oder einer Ehe zu tun, zum anderen mit den Beziehungen, die Sie zu anderen Ihnen nahe stehenden Menschen unterhalten. Achten Sie deshalb darauf, dass Sie hier zu einer besonders harmonischen Gestaltung finden. Vermeiden Sie jede Symbolik, die mit Zwietracht und Konflikt in Zusammenhang gebracht werden könnte. Zudem wirken hier Gegenstände störend, die mit einer früheren Partnerschaft in Verbindung gebracht werden können. Hübsche Gegenstände, die paarweise angeordnet sind, regen die Zweisamkeit und die Harmonie an.

Ruhm (Süden): Zunächst scheint es nur um Äußerlichkeiten zu gehen, aber für den hohen gesellschaftlichen Status ist nicht wichtig, ihn erreicht zu haben und auch zu zeigen, sondern ihn zu halten. Dazu benötigen Sie in gleichem Maße Leidenschaft und innere Reife, schaffen Sie aus diesem Grunde in diesem Bereich klare Strukturen. Hier ist beispielsweise der geeignete Ort, ein Kunstwerk angemessen zu präsentieren.

Wohlstand (Südosten): Diese Zone eignet sich besonders für das Streben nach materiellem Erfolg und geistigem Fortschritt. Hier ist beispielsweise ein Arbeitszimmer gut platziert. An diesem Ort ist Platz für besonders schöne oder wertvolle Dinge. Da Wasser beispielsweise Wohlergehen verspricht, kann ein kleiner Zimmerspringbrunnen oder ein Aquarium die hier herrschende Strömung stützen.

Familie (Osten): In diesem Bereich sind mit »Familie« nicht Ehepartner und Kinder gemeint – ihre Felder sind anderen Teilen des Wohnraums zugeordnet. Hier soll Ihr Leben im Elternhaus, Ihr Verhältnis zu Vorfahren und Geschwistern sowie der Umgang mit gegenwärtigen Vorgesetzten eine Rolle spielen. Wenn im Familienfeld Dinge bereits seit längerer Zeit herumliegen, wäre das eine Anregung, Ungeklärtes aus der Vergangenheit aufzuarbeiten. Mit der Familie im Reinen zu sein, ist auch die Grundlage für die eigene Entfaltung.

Wissen (Nordosten): Wissen bezieht sich auf die Schulausbildung, ein Studium oder eine Ausbildung, aber auch auf Meditation, Spiritualität und Religion. In diesem Bereich sollten Sie sich eine bequeme Rückzugsmöglichkeit schaffen: Richten Sie Ihren Leseplatz ein, vielleicht sogar eine kleine Bibliothek. Dadurch können Sie sowohl Wissen und Erfahrungen erweitern, als auch wichtige spirituelle Erfahrungen machen.

Tai Chi (Zentrum): Im Bagua bezeichnet es die Mitte des Hauses oder der Wohnung, dort ist jener Bereich, in dem sich die Energien konzentrieren. Das Zentrum steht für die Vitalität und die Gesundheit der Bewohner. Da alles, was hier abgestellt wird, starke Irritationen auslösen kann, sollte dieser Bereich Ihrer Wohnung frei gehalten werden. Ist dieser Bereich aufgeräumt und wird dort das Chi nicht blockiert, hilft er Ihnen, Ihre innere Mitte zu finden.

TEIL ZWEI

2

HARMONISIERUNG DER WOHNBEREICHE

Wollen Sie Ihren Wohnraum nach den Kriterien des Feng Shui einrichten, sollten Sie zunächst die Raumaufteilung betrachten. Versuchen Sie, in Ihrer Wohnung oder in Ihrem Haus die gedachte Mitte auszumachen, dies ist der Ort der höchsten Energie, das Tai Chi. Von hier aus betrachten Sie die Ausrichtung der einzelnen Wohnungsbereiche, denn das Chi eines Raumes wird geprägt von den Einflüssen, die die jeweilige Himmelsrichtung auf dieses ausübt. Es ist also von Bedeutung, sich zu vergewissern, was Sie in welchem Raum jeweils tun möchten. Denn in jedem Raum wirken Kräfte, die mehr zum passiven Yin oder mehr zum aktiven Yang neigen. Das Schlafzimmer wird eher in einem Yin-Bereich einzurichten sein, das Arbeitszimmer liegt hingegen sinnvollerweise auf der Yang-Seite des Hauses. Da Yin mit dem Norden und Yang mit dem Süden verbunden sind, verfügen Sie bereits über eine, wenn auch sehr grobe Ausrichtung für Ihre Raumaufteilung. Weitere Anhaltspunkte geben Ihnen die Fünf Elemente und die Acht Himmelsrichtungen.

EINRICHTEN NACH IHRER PERSÖNLICHEN LEBENSSITUATION

Die Fünf Elemente und die Acht Richtungen geben Ihnen die Möglichkeit, die Nutzung Ihrer Zimmer ganz nach Ihrer persönlichen Lebenssituation und Ihren inneren Bedürfnissen vorzunehmen. Nutzen Sie die Chance, wenn Sie gerade ein neues Haus bauen, und sprechen Sie mit Ihrem Architekten über eine Raumaufteilung nach den Regeln des Feng Shui. Wenn Sie hingegen in ein fertiges Haus oder eine Etagenwohnung ziehen und den Wunsch haben, etwas in Ihrem Leben verändern zu wollen, können Sie versuchen, die vorhandenen Räume anders als bislang gedacht zu nutzen. Es wird aber immer wieder Fälle geben, in denen Sie an bauliche oder finanzielle Grenzen stoßen. Ein Badezimmer an der Nordseite beispielsweise ist ein Raum, der dem Wasser-Element sowohl durch Funktion und Einrichtung als auch durch die Himmelsrichtung doppelt ausgesetzt ist. In den meisten Fällen werden Sie das Zimmer aber nicht verlegen können. Einfacher ist es daher, durch entsprechende Farben und Materialien mehr Holz-Eigenschaften in den Raum zu bringen.

Einen guten Überblick über die Aufteilung von Wohnraum bieten auch die neun Zonen des Bagua-Diagramms. Wenn Sie die Bagua-

Zahlen mit den Koordinaten der Acht Himmelsrichtungen kombinieren, werden Sie für jeden Lebensbereich eine zufrieden stellende Lösung finden. Die folgende Übersicht mit günstigen und ungünstigen Einflüssen der Acht Himmelsrichtungen soll Ihnen eine Hilfe sein, Ihre Wohnung zu strukturieren, die Räume dem Feng Shui gemäß zu nutzen und einen harmonischen Energiefluss darin zu ermöglichen.

DIE BEDEUTUNG DER ACHT HIMMELSRICHTUNGEN FÜR DIE RAUMAUFTEILUNG

Norden

❖ Element: Wasser

❖ Lebensabschnitt: hohes Alter

❖ begünstigt folgende Eigenschaften:

Flexibilität, Kreativität, Objektivität, Ruhe, Schlaf, Sexualität, Spiritualität, Unabhängigkeit

❖ wirkt hilfreich in folgenden Lebenslagen:

Genesung, Schlaflosigkeit, Stress

❖ behindert folgende Eigenschaften:

Aktivität, Geschäftserfolg, Leidenschaftlichkeit, Selbstdarstellung

❖ birgt folgende Risiken:

Einsamkeit, Geschäftsrückgang, Isolation, Motivationslosigkeit, Sorgen, Stillstand, Unsicherheit

❖ grundsätzlich geeignet für: Schlafzimmer, Speisekammer

Nordosten

❖ Element: Erde

❖ Lebensabschnitt: mittleres Alter

❖ begünstigt folgende Eigenschaften:

Arbeitsmarkt, Durchsetzungsvermögen, Familiengefühl, Fortschritt, Fürsorglichkeit, Lebensorientierung, Motivation, Mütterlichkeit, Sicherheit, Sorgfalt, Stabilität

❖ wirkt hilfreich in folgenden Lebenslagen:

Familiengründung, Familienkonflikte, Überreizung

❖ behindert folgende Eigenschaften:

Auffassungsgabe, Berufsaussichten, Ehrgeiz, Dynamik, Spontaneität

❖ birgt folgende Risiken:

Gier, Hast, Langeweile, Langsamkeit, Nervosität, Schlaflosigkeit, Selbstsucht, Routine

❖ grundsätzlich geeignet für: Kinderzimmer, Speisekammer

Osten

❖ Element: Holz

❖ Lebensabschnitt: jüngeres Erwachsenenalter

❖ begünstigt folgende Eigenschaften:

Aktivität, Aufmerksamkeit, Ehrgeiz, Karrierechancen, Konzentrationsfähigkeit, Optimismus, Selbstvertrauen, Tatkraft, Umtriebigkeit

❖ wirkt hilfreich in folgenden Lebenslagen:

Berufsstart, Lethargie, Selbstzweifel, Motivationsmangel, Neubeginn

❖ behindert folgende Eigenschaften:

Entspannung, Geduld, Sicherheit, Stabilität, Zärtlichkeit, Zufriedenheit

❖ birgt folgende Risiken:

Erschöpfung, Rücksichtslosigkeit, Überaktivität, Übersichtsverlust, Ungeduld, Verspannung

❖ grundsätzlich geeignet für:

Arbeitszimmer, Badezimmer, Kinderzimmer, Küche

Südosten

❖ Element: Holz

❖ Lebensabschnitt: Jugend

❖ begünstigt folgende Eigenschaften:

Aktivität, Berufsstart, Ehrgeiz, Fortschritt, Initiativkraft, Karrierechancen, Kommunikationsfähigkeit, Konzentrationsfähigkeit, Kreativität, Umtriebigkeit

❖ wirkt hilfreich in folgenden Lebenslagen:

Berufsstart, Lethargie, fehlende Motivation, Neubeginn, Selbstzweifel

❖ behindert folgende Eigenschaften:

Entspannung, Sicherheit, Stabilität, Zärtlichkeit, Zufriedenheit

❖ birgt folgende Risiken:

Hartnäckigkeit, Selbstgerechtigkeit, Überaktivität, Überarbeitung, Verspannung

❖ grundsätzlich geeignet für:

Arbeitszimmer, Badezimmer, Esszimmer, Küche, Schlafzimmer, Wohnzimmer

Süden

❖ Element: Feuer

❖ Lebensabschnitt: junger Erwachsener

❖ begünstigt folgende Eigenschaften:

Anerkennung, Anregung, Ausdrucksfähigkeit, Berühmtheit, Geselligkeit, Leidenschaft, Phantasie, Spontaneität

❖ wirkt hilfreich in folgenden Lebenslagen:

Isolation, Kontaktscheu, Lebensangst, Phantasielosigkeit, Schüchternheit

❖ behindert folgende Eigenschaften:

Aufmerksamkeit, Entspannung, Konzentration, Objektivität, Stabilität

❖ birgt folgende Risiken:

Labilität, Streit, Stress, Trennung, Überspanntheit

❖ grundsätzlich geeignet für:

Arbeitszimmer, Wohnzimmer

Südwesten

❖ Element: Erde

❖ Lebensabschnitt: mittleres Alter

❖ begünstigt folgende Eigenschaften:

Familiensinn, Fortschritt, Freundschaft, Fürsorglichkeit, Mütterlichkeit, Sicherheit, Sorgfalt, Stabilität

❖ wirkt hilfreich in folgenden Lebenslagen:

Familiengründung, Familienkonflikte, Überreiztheit

❖ behindert folgende Eigenschaften:

Auffassungsgabe, Ehrgeiz, Spontaneität, Karrierechancen

❖ birgt folgende Risiken:

Abhängigkeit, Ängstlichkeit, Geiz, Stagnation

❖ grundsätzlich geeignet für:

Wohnzimmer

Westen

❖ Element: Metall

❖ Lebensabschnitt: nach der Lebensmitte

❖ begünstigt folgende Eigenschaften:

Finanzkompetenz, Führungsqualität, Lebenslust, Organisationstalent, Weitsicht, Zärtlichkeit, Zufriedenheit, Leichtigkeit, romantische Gefühle

❖ wirkt hilfreich in folgenden Lebenslagen:

Konzeptionslosigkeit, Organisationsmangel, Undiszipliniertheit

❖ behindert folgende Eigenschaften:

Aktivität, Ausdrucksfähigkeit, Dynamik, Emotionalität, Neubeginn

❖ birgt folgende Risiken:

Geldverlust, Introvertiertheit, Motivationsarmut, Ungeselligkeit, Vergnügungssucht

❖ grundsätzlich geeignet für:

Esszimmer, Schlafzimmer, Wohnzimmer

Nordwesten

❖ Element: Metall

❖ Lebensabschnitt: nach der Lebensmitte

❖ begünstigt folgende Eigenschaften:

Autorität, Finanzkompetenz, Führungsqualität, Organisationstalent, Verantwortungsbewusstsein, Weisheit, Weitsicht, Strenge, Würde, Stolz

❖ wirkt hilfreich in folgenden Lebenslagen:

Konzeptionslosigkeit, Koordinationsmangel, Undiszipliniertheit

❖ behindert folgende Eigenschaften:

Ausdrucksfähigkeit, Dynamik, Emotionalität, Neubeginn

❖ birgt folgende Risiken:

Arroganz, Introvertiertheit, Selbstgerechtigkeit, Ungeselligkeit

❖ grundsätzlich geeignet für:

Arbeitszimmer, Esszimmer, Schlafzimmer

Die Eingangstür ist besonders wichtig für den Chi-Fluss. Durch sie dringt unverbrauchtes, neues Chi ein. Daher sind auch die Umgebung und die Materialien, Farben und Formen der Eingangstür auf mögliche negative Energien hin zu überprüfen.

DER HAUS- ODER DER WOHNUNGSEINGANG UND DAS CHI

Es ist in erster Linie die Eingangstür, durch die das Chi in das Haus eintritt. Jedes Mal, wenn Sie das Haus oder die Wohnung betreten oder verlassen, dringt neues, unverbrauchtes Chi ein. Deshalb beschleunigt sich der Energieaustausch, wenn mehrere Menschen in einem Haushalt leben, die tagsüber häufig die Eingangstür benutzen. Im Feng Shui wird angenommen, dass etwa 70 bis 80 Prozent der Energie durch den Haupteingang hereinströmen, der Rest gelangt durch die Fenster nach innen. Es spielt dabei keine Rolle, ob die Tür, die Sie als Eingang benutzen, tatsächlich einmal als Haupteingang gedacht war. Wenn Sie überwiegend die Tür zum Garten als Eingang benutzen, dann sind diese Türen für den Energiefluss Ihres Hauses bestimmend. Benutzen mehrere Familienangehörige verschiedene Eingänge, so mischt sich das Chi der entsprechenden Himmelsrichtungen. Sollten Sie feststellen, dass eine auf den Eingangsbereich wirkende Energie der Umgebung eher gegen Sie arbeitet, dann machen Sie entweder einen Nebeneingang zum Haupteingang oder verlangsamen Sie den Energiestrom, indem Sie vor dem Eingang einen gewundenen, von dichten Pflanzen gesäumten Pfad anlegen.

Wenn Sie über die Beschaffenheit der Türbeschläge – wie Klinke und Namensschild – entscheiden, sollten Sie die Eigenschaften der Acht Himmelsrichtungen berücksichtigen: Die gebräuchlichsten Materialien hierfür sind Holz und Metall. Das oft verwendete blank polierte Messing kann wie ein Spiegel wirken, der schwächende Energien genauso zurückwirft wie fördernde. Deshalb sollten Sie Ihre Eingangstür im Osten, Südosten und Süden nur mit Holz ausstatten, in den anderen Richtungen sind die Metallbeschläge wünschenswert.

Die Wirkung der Acht Himmelsrichtungen auf den Haupteingang

Norden: Für die Eingangstür ist der Norden die ungünstigste Himmelsrichtung. Dessen starkes, aber im Verborgenen wirkendes Chi hat eine hindernde Wirkung auf aktive Menschen. Sollte Ihre Eingangstür nach Norden weisen, dann gleichen Sie das schlechte Chi mit einem kräftigen roten Ton in der Nähe aus.

Nordosten: Die starken Energien des Nordostens sind vor allem einem harmonischen Familienleben abträglich. Sie können diese jedoch mit einem glänzenden Anstrich in Weiß zurückweisen.

Osten: Diese Himmelsrichtung unterstützt Tatendrang und Jugend. Der Osten ist als Ausrichtung des Eingangs deshalb günstig für Menschen am Beginn des Berufslebens oder eines neuen Lebensabschnitts. Das Ost-Chi kann mit Grün oder Cremeweiß noch verstärkt werden.

Südosten: Der Südosten ist die ideale Ausrichtung für eine Eingangstür, denn sie fördert beständigen Fortschritt sowie geselligen Austausch, was der Funktion einer Tür am besten entspricht. Ein Anstrich in dunkelgrüner oder blauer Farbe fördert diese guten Eigenschaften.

Süden: Dies ist die Himmelsrichtung für sehr aktive und leidenschaftliche Menschen, die dabei allerdings das Risiko der Überaktivität eingehen. Stille Charaktere können hingegen von den Feuer-Energien des Südens zu mehr Aktivität und Spontaneität ermutigt werden. Verstärken lässt sich dieser Einfluss mit einem grünen, beruhigen mit einem schwarzen Anstrich.

Südwesten: Die Kräfte aus südwestlicher Richtung sind der Lebensqualität einer Hausgemeinschaft ebenfalls förderlich. Hier werden familiäre Harmonie, Mütterlichkeit und Freundschaft unterstützt. Fördern Sie das Chi daher mit einer schwarzen, roten oder grauen Tür.

Westen: Der Chi-Strom aus Westen steht für materielle Sicherheit, Zärtlichkeit und Vergnügen. Die Tür nach Westen nützt vor allem Familien mit bereits älteren, fest verankerten Eltern oder denen, deren fast erwachsene Kinder das Haus bald verlassen werden. Auch hier sind Schwarz, Rot und Grau hilfreiche Farben.

Nordwesten: Die Kräfte des Nordwestens stehen für Strenge, Autorität, Führungsanspruch und Kontrolle. Auch diese Eigenschaften werden von Anstrichen in Schwarz, Rot oder Grau unterstützt.

Der hintere Ausgang und das Chi

Nicht nur der Eintritt des Chi durch die Eingangstür ist von Bedeutung, sondern auch, auf welche Weise dieses das Haus wieder verlässt. Jedes Haus und jede Wohnung benötigt daher für einen harmonischen Energiefluss auch einen hinteren Ausgang. Wenn es keine Hintertür oder sonstige Nebenausgänge gibt, wird diese Funktion auch von einer Balkon- oder einer Terrassentür erfüllt. Wo es auch diese nicht gibt, genügt sogar eine symbolische Hintertür: Markieren Sie dazu an einer Außenwand mit Klebeband einen türähnlichen Durchlass.

Da die Menge des ein- und ausströmenden Chi auch von der Größe der Tür beeinflusst wird, sollte die Hintertür nicht größer als der

Haupteingang sein; andernfalls fließt mehr Energie ab als zu. Nach den traditionellen Feng-Shui-Methoden hat dies eine ungünstige finanzielle Entwicklung zur Folge. Unerwünschte Wirkung kann eine Hintertür auch dann haben, wenn sie sich direkt in einer Linie mit der Vordertür befindet. Denn in diesem Fall entweicht das Chi zu schnell wieder, das heißt ohne die Bewohner erreicht zu haben.

Abhilfe

Wem das Abkleben der Wand zu anstrengend ist, kann eine symbolische Hintertür käuflich erwerben: Im Fernen Osten werden zu diesem Zweck großformatige Poster mit Abbildungen von Hintertüren verkauft.

DIE AUSWIRKUNG DER FENSTER AUF DAS CHI

Durch die Fenster einer Wohnung dringt natürliches Licht in die Räume und beeinflusst damit das dort herrschende Chi. Die Energiemenge ist jedoch wesentlich geringer als bei Türen, weil Fenster üblicherweise nicht zum Betreten oder Verlassen des Hauses benutzt werden. Dennoch kommt es auch hier auf ein harmonisches Verhältnis zwischen Fensterflächen und den übrigen Wandflächen an. Zu viele und zu große Fenster können den Chi-Strom im Raum zu heftig in Bewegung versetzen. Das kann zu Unruhe, Erregung und Nervosität führen. Zu wenige oder zu kleine Fenster wiederum

TIPPS FÜR TÜREN

❖ Sorgen Sie dafür, dass der Bereich hinter einer Tür hell und freundlich ist. Denn Schummerlicht ist mehr Yin und bremst das Chi.

❖ Wenn ein Fenster direkt gegenüber der Tür liegt, kann das Chi zu schnell entweichen. Hilfreich sind deswegen ein Paravent als Raumteiler, ein im Fenster aufgehängter Bergkristall oder ein Windspiel.

❖ Wenn hinter der Eingangstür ein Flur mit mehreren Zimmern abgeht, dann erhält der Raum, dessen Tür direkt gegenüber der Eingangstür liegt, den größten Teil des Chi. Die anderen Räume erhalten dagegen nichts. Hier schafft ein Windspiel im Flur Abhilfe, denn es lenkt den Energiestrom auch in die angrenzenden Räume.

❖ Als ungünstig erweist sich eine der Eingangstür gegenüberliegende Toilette. Ein Spiegel außen an der Toilettentür verhindert, dass das Chi sofort wieder durch den Wasserabfluss entschwindet.

❖ Eine Tür sollte sich grundsätzlich nach innen öffnen, damit Sie den Chi-Strom beim Betreten automatisch hineinlenken. Türen, die nach außen geöffnet werden, behindern indessen den Energiestrom.

❖ Eine Tür mit rechtem Anschlag lenkt den Energiestrom stärker in die linke Hälfte des Raums, bei einer links angeschlagenen Tür wirkt die Energie in die rechte Raumhälfte hinein.

lassen nur wenig Licht herein. Wirkt ein Raum zu dunkel und ist damit von Yin geprägt, führt das zu Ermüdung und fehlender Motivation.

Verschiedene Fensterformen und ihre Wirkung im Feng Shui

❖ **Hohe und rechteckige Fenster**, die höher als breit sind, erinnern an die lebendige, aufstrebende Holz-Energie. Verwenden Sie solche Fensterformen deshalb im Osten, Südosten und Süden.

❖ **Breite und rechteckige Fenster**, die breiter als hoch sind, repräsentieren die Erde-Energie. Sie unterstützt Stabilität und Gelassenheit, deshalb sind Nordosten, Süden, Südwesten, Westen und Nordwesten passende Himmelsrichtungen.

❖ **Quadratische Fenster** haben im Wesentlichen die gleichen Eigenschaften wie die oben genannten, wirken jedoch aufgrund der kompakteren Form etwas harmonischer.

❖ **Runde oder ovale Fenster** schaffen ebenfalls Harmonie. Da die runde Form dem Metall-Element entspricht, sollen diese Fenster die Konzentration fördern und eine gewisse Strenge schaffen. Runde Fenster passen daher am besten in nördliche, nordöstliche, südwestliche, westliche und nordwestliche Himmelsrichtungen.

Sonnenlicht ist der wichtigste Träger des Chi. Deshalb sollten die Fenster die Wohnung immer ausreichend erhellen. Mit der Form der Fenster können Sie zusätzlich die Energien bestimmter Elemente verstärken.

DIE BEDEUTUNG DES FLURS FÜR DAS CHI

Üblicherweise befindet sich hinter der Eingangstür ein Vorraum, der als Flur, Korridor oder Diele bezeichnet wird. Diese Räume fallen, je nach Art der Wohnung, sehr unterschiedlich aus: Es gibt lange enge und dunkle Korridore, von denen links und rechts die Türen zu den weiteren Räumen abgehen, oder winzige Kammern, die bestenfalls eine Funktion als Windfang haben. Da der Flur der erste Bereich ist, den man in einer Wohnung betritt, und jeder Besucher beim Kommen als auch beim Gehen diesen Raum durchquert, ist es sehr wichtig, sich mit seiner Energie zu beschäftigen: In einem Flur vermischen sich ständig die Energien durch hinein- und hinaustretende Menschen. Für zusätzliche Energien sorgen sogar Menschen, die in der Tür stehen bleiben, wie der Postbote, ein Vertreter oder ein Nachbar, der auf einen kurzen Plausch vorbeikommt.

Der Flur beeinflusst den ersten Eindruck von einer Wohnung

Achten Sie im Korridor unbedingt auf die Lichtverhältnisse und darauf, dass es keine schlecht beleuchteten Ecken gibt. Sorgen Sie für gleichmäßige Helligkeit, zu der auch eine Wandfarbe oder Tapeten in hellen Farben beitragen können. Denn fehlendes Licht beeinträchtigt nicht nur den Chi-Fluss, sondern wirkt auf Besucher düster, ungemütlich und eventuell sogar bedrohlich.

Die Länge und die Form des Flurs entscheiden über den Energiefluss

Häufig sind Flure entweder zu klein oder zu lang, um ein günstiges Feng Shui zu entwickeln. Den Energiefluss in sehr kleinen Räumen können Sie verbessern, indem Sie an einer Wand einen Spiegel aufhängen; dieser darf aber auf keinen Fall direkt gegenüber der Eingangstür angebracht werden, denn sonst würde er das einfließende Chi sofort wieder nach außen zurückwerfen. Besser ist es, den Spiegel an der dem Türanschlag gegenüberliegenden Wand aufzuhängen. Spiegel erzeugen zudem das Gefühl von Weite und Offenheit. Ein Spiegel oder ein Bild mit Tiefe hilft auch, wenn die Wohnungs- oder Haustür gegen eine Wand öffnet. Am besten eignet sich ein leicht nach außen gewölbter Spiegel, da er das schädliche Sha zerstreut. Hat der Flur dagegen den Charakter eines langen Schlauchs, kann ein im Flur aufgehängtes Windspiel die Energie gleichmäßig auf die umliegenden Zimmer verteilen.

Eine besondere Problemzone stellt die Garderobe dar

Eine höchst problematische Stelle im Flur ist die Garderobe. In der Funktion dieses Raumes hat sie dort eigentlich ihren idealen Platz: Jacken, Mäntel und Schuhe, mitunter auch Kinderwagen, Fahrräder und das Spielzeug für draußen stehen direkt an der Eingangstür bereit. Allerdings stellen sie eine typische Chi-Falle dar, denn je mehr Kleidungsstücke und andere Gegenstände dort gelagert werden, desto langsamer strömt die Energie an ihnen vorbei. Um die Schuhe unterzubringen, genügt oft schon ein kleiner Schuhschrank. Um aber einen Kleiderschrank im Flur aufzustellen, ist die Räumlichkeit meist zu klein. Deshalb sollten Sie darüber nachdenken, ob Sie die Mäntel und Jacken nicht an einem anderen Ort lagern können. Haben Sie eine Lösung für die Aufbewahrung der Bekleidung gefunden, dann vergessen Sie nicht, die Kleiderhaken abzumontieren: Sonst ragen sie wie Äste in den Raum hinein und senden negative Energien aus.

Flur

Bedenken Sie stets, dass der Flur der erste Raum ist, den ein Fremder von Ihrer Wohnung wahrnimmt und der ihn auf die restliche Wohnung schließen lässt. Wie bei der Begegnung mit einem Menschen ist auch beim Besuch in einer Wohnung der erste Eindruck von entscheidender Bedeutung.

TREPPEN ALS VERBINDUNG ZWISCHEN DEN EINZELNEN ETAGEN

In mehrgeschossigen Wohnungen und Einfamilienhäusern haben auch die Treppen zwischen den Etagen Einfluss auf das Chi. Für die Energieströme haben Treppen die gleiche Funktion wie für die Bewohner des Hauses: Sie ermöglichen die Bewegung von einem Stockwerk zum nächsten. Treppenhäuser sind meist schmal und beschleunigen daher den Chi-Strom. Wie in einem Wasserrohr erhöht sich die Fließgeschwindigkeit, je schmaler und steiler das Treppenhaus ist. Das Risiko von Unruhe und mangelnder Konzentrationsfähigkeit sowie von fehlendem Chi in anderen Bereichen nimmt damit zu.

Der unerwünschte »Kanaleffekt« einer Treppe entfaltet sich besonders dann, wenn die Eingangstür und die Treppe in einer Linie angeordnet sind. Hier fließt das Chi sofort in das obere Stockwerk ab oder entweicht durch den Keller, was überhaupt nicht im Sinne der Bewohner sein kann. Als Abhilfe können Sie in einem solchen Fall wiederum ein Windspiel im Eingangsbereich oder einen Spiegel an die Wand des ersten Treppenabsatzes aufhängen. Auch ein Vorhang zwischen Treppe und Tür gehängt schafft Abhilfe.

MEHR TIPPS FÜR DAS TREPPENHAUS

❖ Die beste Position für Treppen entsprechend der Feng-Shui-Lehre ist eine Außenwand in Richtung Norden, Osten, Südosten, Süden oder Südwesten.

❖ Eine Treppe in der Mitte des Hauses teilt den Wohnraum nicht nur bildlich in zwei Hälften: Seine Bewohner müssen mit Konflikten untereinander rechnen, die sogar in Trennung enden können. Meersalz in einem dekorativen Gefäß oder buschig wachsende Pflanzen in unmittelbarer Nähe des oberen oder unteren Treppenabsatzes aufgestellt, mildern die Wirkung einer auf diese Weise ungünstig gelegenen Treppe.

❖ Bilder oder Fotos, die an den Wänden eines Treppenhauses aufgehängt werden, sorgen für einen gleichmäßigen und stabilen Fluss des Chi-Stromes.

❖ Wendeltreppen sparen zwar Platz, verursachen aber einen sehr instabilen Energiestrom. Dem lässt sich mit einer Lampe am oberen Ende der Treppe und einer hohen Grünpflanze am Fuß der Treppe entgegenwirken.

Da das Wohnzimmer das Zimmer ist, das im Allgemeinen am häufigsten genutzt wird und in dem auch Gäste empfangen werden, sollte es hell und einladend wirken.

DAS WOHNZIMMER

Das Wohnzimmers sollte das erste Zimmer sein, das man nach dem Flur betritt. So intensiv wie das Wohnzimmer wird heutzutage kein anderer Raum genutzt. Die Zeiten der »guten Stube«, in der das Wohnzimmer nur an Sonn- und Feiertagen aufgesucht wurde, sind im modernen Familienleben seit langem vorbei. In diesem Raum kommt die Familie täglich zusammen und empfängt ihre Gäste. Hier spielen die Kinder und die Erwachsenen verbringen ihre Freizeit mit Gesprächen, Lesen, Musikhören oder Fernsehen. Im Wohnzimmer soll sich eine einzelne Person ebenso wohl fühlen wie eine ganze Partygesellschaft, es muss also Behaglichkeit und Funktionalität vereinen. Obwohl dieses Zimmer von so vielen verschiedenen Menschen auf so unterschiedliche Weise genutzt wird, darf es nicht unüberlegt mit Möbeln und Dekorationsobjekten voll gestellt sein. Der Energiefluss muss sich ungehindert entfalten können.

Sogar die Form eines Zimmers hat Auswirkungen auf den Energiefluss, denn das Chi soll sanft durch den Raum schwingen können. Ungünstig sind demgemäß Zimmer, die sehr lang beziehungsweise sehr schmal sind oder übereck verlaufen. Mängel dieser Art können Sie effektiv und ohne großen Aufwand ausgleichen: Sehr kleine Räu-

Sonnenlicht in den Räumen
Grundsätzlich gilt für einen Raum, der zu allen Tageszeiten von allen Bewohnern und ihren Gästen genutzt wird, dass er möglichst lange Tageslicht erhalten sollte. Denn die Energie der Sonne setzt auch den Energiefluss innerhalb des Zimmers in Bewegung.

me lassen sich mit Spiegeln optisch vergrößern; sehr große Zimmer können mit Raumteilern überschaubar unterteilt werden.

Günstige Himmelsrichtungen für ein Wohnzimmer

Aus den eben beschriebenen Gründen ist der Süden die optimale Himmelsrichtung für ein Wohnzimmer. Zudem steht das Chi des Südens für Intelligenz und soziale Stellung, Leidenschaft und Geselligkeit, Schönheit und Erfolg. All dies verbindet sich besonders wohltuend mit einem Wohnzimmer. Ältere Familienmitglieder finden hier einen Raum, in dem sie ihren gesellschaftlichen Status darstellen und mit Gästen harmonisch beisammen sein können. Helles Purpur und blasse Gelbtöne unterstützen die im Wohnzimmer herrschende Feuer-Energie ebenso wie Zickzacklinien oder sternförmige Muster.

Der Südosten ist für die Lage des Wohnzimmers ähnlich günstig wie der Süden. Jüngeren Familien kommt diese Orientierung möglicherweise noch stärker entgegen, denn sie hat eine aktivere Komponente als die Süd-Energie. Der Energiestrom aus Südosten verbindet Geschäftigkeit mit Herzensgüte, harmonischen Fortschritt mit Reife und fördert zudem langfristige menschliche Beziehungen. Diese insgesamt positive und aktive Strömung kann durch intensive Grün- und Blautöne verstärkt beziehungsweise durch hohe Pflanzen oder schwere Vorhänge gemildert werden.

Das Wohnzimmer im Westen steht für materiellen Erfolg und Zufriedenheit, aber auch für Vergnügen, Spaß und Zärtlichkeit. Es ist ein angenehmer Ort, an dem sich die gesamte Familie ebenso wohl fühlt wie ihre Gäste. Die Ausrichtung nach Westen hat darüber hinaus den Vorteil, dass Sie nachmittags und am frühen Abend das letzte Licht des Tages besonders lange genießen können. Die Metall-Energie können Sie verstärken, wenn Sie kastanienbraune, rostrote oder rosafarbene Möbel mit runden oder geblümten Mustern verwenden.

Ungünstige Himmelsrichtungen für ein Wohnzimmer

Norden: Einen in nördlicher Richtung gelegenen Raum sollten Sie nicht als Wohnzimmer nutzen. Wenn es nicht anders geht, versuchen Sie, der Wasser-Energie mit Metall-Chi entgegenzuwirken, indem Sie bei der Einrichtung Anstriche und Gegenstände in hellem Rot verwenden.

Nordosten: Auch diese Orientierung eignet sich durch ihr ausgeprägtes und unstetes Yang nicht für ein Wohnzimmer. Abhilfe schafft hier die Betonung des Yin durch gedeckte Farben und schwere Teppiche.

Osten: Mit seiner starken Yang-Besetzung ist der Osten für das Wohnzimmer ebenfalls nur bedingt geeignet. Am besten wirkt man der dort herrschenden starken Energie mit blassem Grün und Möbeln aus natürlichen Materialien wie Bambus und Rattan entgegen.

Südwesten: Die hier wirkende Erde-Energie kann zwar beruhigend wirken, im Übermaß jedoch zu phlegmatischem Beharren führen. Sie sollten aus diesem Grund nur wenige Akzente in Braun oder Gelb sowie mit Karomustern setzen. Wer mehr Schwung in sein Leben bringen will, sollte hingegen das feurige Chi spitz zulaufender Muster nutzen.

Nordwesten: Diese Ausrichtung ist für ein Wohnzimmer ungünstig. Strenge und Stolz des nordwestlichen Chi können jedoch durch Erdfarben gelockert und belebt werden.

DIE BEDEUTUNG VON MÖBELN

Was die Möblierung eines einzelnen Zimmers oder einer gesamten Wohnung angeht, gilt der Satz: »Weniger ist mehr«. Denn jedes Stück zu viel erhöht das Risiko einer Behinderung des Chi. Besondere Vorsicht sollten Sie bei Einrichtungsgegenständen mit scharfen oder hervorstehenden Kanten walten lassen. Sie können den Energiefluss ungünstig ablenken und stören. Das betrifft vor allem Bücherregale und Schränke sowie Pflanzen mit spitzen oder stacheligen Blättern. Ausgleich schaffen dagegen Pflanzen mit buschigem Wuchs oder abgerundeten Blattformen.

Der Standort des Sofas

Das zentrale Möbelstück eines Wohnzimmers ist wohl in den meisten Fällen das Sofa. Zwar steht es bei der Nutzung dieses Wohnbereiches im Zentrum, allerdings sollte es auf keinen Fall in der Raummitte stehen. Denn hier befindet sich das energetische Zentrum, auf das Sie einen freien Blick haben sollten. Eine freie Sicht auf die Mitte des Raumes und die sichere Wand im Rücken zu haben, entspricht auch dem menschlichen Schutzbedürfnis. Jeder, der einmal mit dem Rücken zur Tür gesessen hat, kennt wohl das unangeneh-

Was bereits die Höhlenbewohner wussten

Die Tatsache, dass sich das Schutzbedürfnis verstärkt, wenn man nicht mit dem Rücken zur Wand sitzt, lässt sich nicht nur mit Feng-Shui-Prinzipien erklären, sondern auch mit der menschlichen Frühgeschichte: Der Urmensch, der mit dem Rücken zum Eingang der Höhle saß, hatte im Falle eines Angriffs durch ein wildes Tier oder einen feindlich gesonnenen Artgenossen eine schlechte Ausgangsposition für die Verteidigung.

me Gefühl. Wer nicht sehen kann, was sich gerade hinter seinem Rücken abspielt, oder welche Person den Raum betritt, fühlt sich unbehaglich.

Vermeiden Sie es, das Sofa innerhalb einer Türlinie – gemeint ist die gedachte Linie, die entsteht, wenn Sie durch eine Tür hindurchtreten und geradeaus weiter gehen – zu positionieren, denn das Möbelstück behindert den durch die Tür eintretenden Chi-Strom. Ein guter Platz befindet sich indessen an einer fensterlosen Wand. Wo das nicht möglich oder sinnvoll erscheint, hilft eine Abschirmung nach hinten mit einer großen Topfpflanze oder einem Raumteiler.

Für das Sofa wie für alle anderen Sitzgelegenheiten gilt, dass die Blickrichtung von Personen, die darauf sitzen, im Sinne des Feng

Shui eine Bedeutung haben. Es ist nicht gleichgültig, in welcher Himmelsrichtung Sofa, Sessel und Stühle ausgerichtet sind. Deren Positionen sollten nötigenfalls verändert, je nach dem, was Sie erreichen wollen: ein erfolgreiches Arbeitsgespräch, eine harmonische Familienfeier oder eine aufrichtige Aussprache. Verstärkt wird die Wirkung der Himmelsrichtungen zusätzlich, wenn die Orientierung des Zimmers und die der Sitzenden übereinstimmen. Wer beispielsweise im südlichen Teil eines nach Süden gelegenen Zimmers sitzt, wird die anregenden Strömungen deutlicher wahrnehmen.

Was die Acht Himmelsrichtungen für die Sitzpositionen im Raum bedeuten

Platz im Norden, Blick nach Süden: Die meditative Stille des Nordens wendet sich dem leidenschaftlichen Feuer des Südens zu. Diese Sitzrichtung ist optimal für aufmerksam zuhörende Gastgeber.

Platz im Nordosten, Blick nach Südwesten: Auch diese Sitzrichtung entfaltet eine entspannende Wirkung. Übermäßige Aktivität und Nervosität des Nordostens können von der familiären Harmonie des Südwestens gemildert werden. Ein Platz, von dem aus Konflikte friedlich bereinigt werden können.

Bei der Einrichtung einer Wohnung spielt die Auswahl und Platzierung der Möbel eine große Rolle. Vor allem die Ausrichtung der Sitzpositionen nach den Himmelrichtungen ist von Belang.

Platz im Osten, Blick nach Westen: Die drängende Aktivität des Ostens wird in Richtung des romantisch-verspielten, zufriedenen Westens gelenkt. Ein guter Platz, den Tag entspannt mit Blick auf die untergehende Sonne zu beenden oder einen Abend in trauter Zweisamkeit zu verbringen.

Platz im Südosten, Blick nach Nordwesten: Diese Ausrichtung unterstützt die Gesprächsbereitschaft, der Blick ist auf Autorität, Führungswillen und Verantwortungsbewusstsein gerichtet. Von diesem Platz aus lassen sich daher auch besonders gut konstruktive Auseinandersetzungen zum Beispiel über familiäre Angelegenheiten führen.

Platz im Süden, Blick nach Norden: Vom südlichen Feuer wendet sich der Blick dem kühlen, nachdenklichen und strengen Norden zu. Dies ist ein guter Platz, um loszulassen und in Stresssituationen wieder zu sich selbst zu finden.

Platz im Südwesten, Blick nach Nordosten: Aus der familiären Geborgenheit des Südwestens richtet sich der Blick auf die Kräfte des Nordostens, die harte Arbeit und Klarheit über das Lebensziel einfordern. Wer sein Leben neu ausrichten will, findet in dieser Sitzrichtung viel Unterstützung.

MEHR TIPPS FÜR DAS WOHNZIMMER

❖ Stellen Sie Ihre Sofas, Sessel und Stühle nach dem Bagua-Muster auf. Das Zentrum sollte frei bleiben.

❖ Achten Sie bei der Auswahl der Farben auf einen Ausgleich von Yin und Yang, der sich in einem ausgewogenen Verhältnis zwischen hellen und dunklen, kräftigen Farben und Pastelltönen zeigt.

❖ Die Verwendung dicker Teppiche und schwerer Vorhangstoffe sollte wohl überlegt sein, denn diese verlangsamen den Chi-Strom. Das kann beispielsweise bei einer Süd-Orientierung des Raumes zu mehr Gelassenheit und Entspannung führen, das Chi jedoch auch stauen.

❖ Die künstliche Beleuchtung muss den vielfältigen Funktionen des Wohnzimmers gerecht werden. Mit vielen unterschiedlichen Lichtquellen können Sie die für jeden Anlass richtige Helligkeit schaffen.

❖ Starke Kontraste in einem Raum sind einem guten Feng Shui abträglich. Sie belasten zudem beim Lesen oder Fernsehen das Auge.

❖ Ein offener Kamin sollte auf keinen Fall im Süden gebaut werden, denn hier treffen die Energien der mit Feuer verbundenen Himmelsrichtung und das offene Feuer unheilvoll zusammen. Besser dafür geeignet ist der Nordosten. Ein unbenutzter Kamin ist für das Chi lediglich ein weiteres Loch in der Wand, durch das es entweichen kann.

Platz im Westen, Blick nach Osten: Die Zufriedenheit, Verspieltheit und Romantik fördernden Strömungen des Westens werden auf die zu Aktivität drängenden Energien des Ostens gelenkt. Dies ist eine ideale Position, um Partner für die Verwirklichung einer ungewöhnlichen Idee zu gewinnen.

Platz in Nordwesten, Blick nach Südosten: Dieser Sitzplatz hebt den Führungsanspruch hervor, der Blick geht in Richtung der die Kommunikation fördernden Energien. Hier ist der ideale Platz für einen Gesprächsleiter.

DAS SCHLAFZIMMER

Das Schlafzimmer ist der Raum einer Wohnung, in dem der Mensch den größten Teil seiner Lebenszeit verbringt. Wer jede Nacht acht Stunden schläft, verbringt ein Drittel seines Lebens im Bett. Die Nachtruhe ist jedoch keine unnütze, passiv verbrachte Zeit, sondern schafft die Voraussetzungen für ein aktives Leben im Wachzustand. Im Schlaf regeneriert sich nicht nur der Körper, sondern auch der Geist. Darüber hinaus verbringt der Mensch auch Teile seiner wachen Zeit im Schlafzimmer. In kleinen Wohnungen ist es häufig der einzige Raum, in den sich einzelne Familienmitglieder zurückziehen können, um ungestört zu sein. All dies macht das Schlafzimmer zu einem der wichtigsten Bereiche einer Wohnung mit besonders hohen Anforderungen an die Qualität des Energieflusses.

Das Schlafzimmer frei von Störungen machen

Die sensible Atmosphäre des Schlafraums kann leicht gestört werden. Jedoch lassen sich mit etwas Aufmerksamkeit auch für die kleineren Dinge Störfaktoren vermeiden oder ohne großen Aufwand entfernen:

❖ **Spiegel** sind im Schlafzimmer zum Ankleiden, Frisieren und Schminken unerlässlich, sie reflektieren und beschleunigen aber das Chi. Schlechtes Feng Shui entsteht vor allem dann, wenn der Spiegel das Bett und die darin Schlafenden reflektiert.

❖ **Materialien mit glatten, glänzenden Oberflächen** wie Glas, Stahl oder Marmor wirken sich durch ihre starke Yang-Prägung im Schlafzimmer ähnlich ungünstig aus wie Spiegel.

❖ **Elektrogeräte** strahlen elektromagnetische Felder ab und sind deshalb schädlich für ein gutes Feng Shui. Ersetzen Sie Ihren Elektrowecker durch einen Wecker mit einem mechanischen Uhrwerk, verschließen Sie das Fernsehgerät während des Schlafens möglichst im

Schrank und benutzen Sie eine Heizdecke ausschließlich zum Vorwärmen des Bettes.

❖ **Freiliegende Balken** an der Decke stören den Energiefluss und beeinträchtigen damit das Wohlbefinden. Hängen Sie die Decke ab, indem Sie die Balken mit Stoff oder einem anderen Material unsichtbar machen.

❖ **Badezimmer**, die direkt an den Schlafraum angrenzen, lassen das Chi stagnieren.

❖ **Scharfe Kanten an Möbelstücken** können das so genannte Schneidende Chi verursachen. Prüfen Sie, ob die Ecken Ihrer Einrichtungsgegenstände im Schlafzimmer abgerundet oder zumindest nicht direkt auf das Bett gerichtet sind.

Schlafraum von den Yang-Bereichen fern halten

Das Schlafzimmer ist der Raum, der in seiner Funktion am stärksten vom Yin geprägt ist. Deshalb sollte es von den aktiven Bereichen der Wohnung möglichst weit entfernt liegen. Der Haupteingang, das Arbeitszimmer oder die Werkstatt eignen sich nicht als Nachbarn für die Schlafräume. Auch sollte das Schlafzimmer nicht im Yang-Bereich des Hauses liegen. Des Weiteren haben die Wirkungen der

Acht Himmelsrichtungen eine besondere Bedeutung, denn durch die lange Zeit, die der Mensch hier schlafend verbringt, ist das Unterbewusstsein stärker als in anderen Lebensbereichen den Chi-Strömen ausgesetzt. Es gibt einige Richtungen, deren dominierende Energien ungünstige Wirkung auf einen Schlafraum haben. Doch auch die geeigneten Richtungen sind nicht jedem Menschen gleichermaßen zu empfehlen. Die Wahl der günstigsten Ausrichtung Ihres Schlafzimmers hängt von Ihrer individuellen Lebenssituation, Ihrem Alter und Ihrer Lebensplanung ab.

Die besten Lagen für das Schlafzimmer

Im Norden herrscht ein ruhiges und sanftes Chi. Es ist ideal für Menschen mit leichtem Schlaf oder Schlafstörungen. Die sanfte Energie fördert die Selbstreflexion sowie die Besinnung auf geistige Werte des Lebens. Deshalb ist die Nord-Orientierung auch günstig für Menschen, die schon älter sind oder sich intensiv mit spirituellen Aspekten des Daseins beschäftigen. Für junge, aufstrebende Menschen, die am Aufbau ihrer Zukunft arbeiten, ist der Norden hingegen eher ungeeignet. Die ruhige Energie könnte ihre Dynamik hemmen. Sollte der Zuschnitt der Wohnung keine andere Lösung er-

möglichen, so schaffen Rottöne sowie Formen und Muster, die spitz, gezackt, sternförmig oder dreieckig sind, Abhilfe.
Die beiden Himmelsrichtungen Osten und Südosten fördern vor allem jüngere Bewohner. Die Holz-Energie des Ostens steht für Aufbruch, Wachstum und Aktivität. Sie wirkt anregend und macht lebhaft. Wer sich sein Leben noch aufbauen will, findet im Osten, wohin das erste Sonnenlicht des Tages fällt, den richtigen Schlafplatz. Voraussetzung allerdings ist die Fähigkeit zu tiefem Schlaf, denn das Ost-Chi kann anregender wirken, als es für einen Schlafraum sinnvoll erscheint. Eine Yin-betonte Ausstattung mit Pastelltönen oder stark gedämpften Farben und unregelmäßigem Muster beruhigen diese Energie.
Diese Ausrichtung nach Nordwesten ist ideal für ein Schlafzimmer der Eltern, denn die Energie des Nordwestens fördert Verantwortungsbewusstsein und Ernsthaftigkeit. Jüngeren Paaren ist diese Himmelsrichtung allerdings nicht zu empfehlen, denn auf sie wirkt das Nordwest-Chi schwer und belastend. Lässt sich das Schlafzimmer im Nordwesten der Wohnung nicht vermeiden, so schafft das Feuer-Element Ausgleich: beispielsweise mit einem Kerzenleuchter, der viele Zacken aufweist und mit roten Kerzen bestückt ist.

Am stärksten wirksam ist das Chi des Westens zum Zeitpunkt des Sonnenuntergangs und im Herbst. Es steht in Zusammenhang mit Nachdenklichkeit und finanziellem Erfolg, zudem fördert die West-Ausrichtung Zärtlichkeit und Zufriedenheit. Der Westen ist aus diesem Grund sowohl für das Elternschlafzimmer geeignet als auch für junge Paare, die erst noch Eltern werden wollen. Der Energie aus Westen wird weiterhin ein spielerisches Element zugeschrieben, so dass Sie nach einer erholsamen Nacht auch gern wieder aufstehen, um den neuen Tag zu beginnen.

Dem Schlaf förderlich
Da im Westen die Sonne untergeht, hilft die hier herrschende Energie, sich vom Tag zu verabschieden. Schlaf förderndes Chi findet sich deshalb in westlicher Richtung.

Mit dem Kopf zur Wand schlafen

Da das Bett das wichtigste Möbelstück des Schlafzimmers ist, sollte das Kopfende sich direkt an einer durchgehenden Wand befinden. Damit ist der Schlafende geschützt und kann, sobald er die Augen öffnet, den Raum sofort überblicken. Bei diesem ersten Blick sollte auch die Tür zu sehen sein. Diese wiederum sollte, ebenso wie die Fenster, möglichst weit vom Schlafplatz entfernt sein. Auf dieses

Im Westen liegende Zimmer sind im Herbst besonders energiereich, da das Chi dann am stärksten ist. Die Nachdenklichkeit und die Zufriedenheit dieser Himmelrichtung eignet sich vor allem für Schlafzimmer.

Weise schaffen Sie sich eine Art Höhle, die Sicherheit und gleichzeitig Kontrolle über den Raum vermittelt.
Eine ungünstige Position für den Bett befindet sich zwischen Zimmertür und Fenster. Hier liegt der Schlafende inmitten des Chi-Flusses und muss mit unruhigem, wenig erholsamem Schlaf rechnen. Mit einem zwischen Tür und Bett aufgestellten Raumteiler – einem Regal oder einem Paravent – lässt sich dieses Problem lösen. Die Energie strömt dann um das Bett herum. Als originelle Lösung gilt, das Bett schräg von einer Ecke aus in das Zimmer hineinragen zu lassen. Der Nachteil davon ist aber, dass der ungenutzte, dreieckige Raum hinter dem Kopfende ein außerordentlich schlechtes Feng Shui verursacht: Das Chi drängt sich in der Ecke und führt beim Zurückfließen einen regelrechten »Angriff« auf den Schlafenden aus. Die Folgen sind Nervosität und Unausgeglichenheit.
Es überrascht kaum, dass nicht nur die Himmelsrichtung, in der sich das Schlafzimmers befindet, einen großen Einfluss auf das Chi hat, sondern auch die Ausrichtung des Bettes. Die folgenden Richtungsangaben beziehen sich auf eine durch die Mitte des Hauses beziehungsweise der Wohnung verlaufende Achse und auf das Kopfende des Bettes:

Norden: Die stillen und kontemplativen Einflüsse des Nordens sind nur denjenigen Menschen anzuraten, die regelmäßig unter Schlafstörungen leiden. Wer allerdings einen gesunden, tiefen Schlaf hat, riskiert es bei dieser Bett-Ausrichtung, seinen Antrieb und Elan zu verlieren.

Nordosten: Von dieser Schlafrichtung ist grundsätzlich abzuraten. Wer nicht stark lethargisch ist, wird unter dem nordöstlichen Einfluss von Alpträumen verfolgt werden und unter starker Nervosität leiden.

Osten: Die Richtung der aufgehenden Sonne wird auch mit Frühling und Jugend in Verbindung gebracht. Die hier wirkenden Energien verbreiten Aufbruchstimmung und regen zu geschäftlicher Aktivität an. Die Schlafrichtung nach Osten ist geeignet für Menschen, die am Anfang ihrer beruflichen Laufbahn stehen oder gerade beginnen, sich ein eigenes Geschäft aufzubauen. Allerdings fördert sie auch übermäßige Aktivität, die zu rascher Erschöpfung führen kann.

Südosten: Die Chi-Wirkungen des Südostens sind ähnlich denen der Ost-Ausrichtung. Allerdings sind sie harmonischer und fördern die zwischenmenschlichen Beziehungen ebenso positiv wie die Kreativität.

Süden: Das südliche Chi ist in Bezug auf das Bett eine sehr ambivalente Energie. Zum einen fördert sein vom Feuer geprägter Charakter Leidenschaftlichkeit, was sich günstig auf sexuelle Beziehungen auswirkt. Zum anderen führen die gleichen Eigenschaften zu unruhigem Schlaf und bergen ein hohes Risiko für Auseinandersetzungen.

Südwesten: Ein Bett in dieser Ausrichtung wird von Energien bestimmt, die Freundschaft und Mutterschaft begünstigen. Es ist also ein ideales Chi für Paare mit Kinderwunsch. Die Leidenschaft des Südens ist hier einer größeren Gelassenheit gewichen, die allerdings auch Labilität fördern kann.

Westen: Die Energieströme dieser Richtung sind ebenfalls günstig für Paare. Ein Bett in westlicher Ausrichtung fördert zärtliche Gefühle, Vergnügen und spielerischen Umgang miteinander. Der gleiche Aspekt, der Zufriedenheit hervorbringt, kann aber auch zu Antriebsarmut führen.

Nordwesten: Das nordwestliche Chi wird mit Autorität und Führungsanspruch in Zusammenhang gebracht. Daher fördert es einen ruhigen, festen Schlaf und ist vor allem älteren Menschen zu empfehlen.

DIE KÜCHE

Im alten China widmete der Bauherr bei der Ausrichtung und der Konzeption des neu zu bauenden Hauses der Küche besonders große Aufmerksamkeit. Mit aufwändigen Ritualen wurde zuerst die optimale Lage des Raumes erforscht und später wurden dann die Einrichtungsgegenstände für die Küche sorgfältig ausgewählt. Sogar ein kleiner Altar durfte in einer nach altchinesischer Tradition eingerichteten Küche nicht fehlen. Mit ihm huldigten die Hausbewohner dem Küchengott, der darüber wachte, dass die hier verarbeiteten Lebensmittel ihnen auch die lebensnotwendigen Nährstoffe spendeten. Sofern ihm immer ausreichend geopfert wurde, wachte er stets über die Sicherheit und das Wohlergehen der Familie. Außerdem bewahrte ein günstig gestimmter Küchengott die Menschen, die in diesem Raum täglich ihr Essen zubereiteten, vor Verletzungen, die von offenem Feuer, kochendem Wasser, heißen Gerätschaften oder scharfen Schneidegeräten verursacht werden können.

Essen und Arbeiten
Im Übrigen achtete der altchinesische Hausherr auch darauf, dass seine Arbeitsräume möglichst weit von der Küche entfernt lagen, um nicht durch die dort herausdringenden Gerüche oder Geräusche gestört zu werden.

Konflikt zwischen Feuer und Wasser

Der Blick auf die eben geschilderte Geschichte des alten Chinas zeigt, dass die Küche ein sensibler Bereich ist. Aber auch heute sollte bei Planung und Ausstattung der Küche sorgfältig vorgegangen werden, denn es handelt sich hier um den Raum, in dem die Mahlzeiten für die ganze Familie zubereitet werden. Sehr häufig ist die Küche auch ein beliebter Treffpunkt aller Familienmitglieder. Nach den Gesetzen des Feng Shui ist die Küche ein Raum, in dem zwei starke einander entgegengesetzte Energien zum Wohle der Bewohner harmonisiert werden müssen. Auf der einen Seite steht das Feuer des Herdes, auf dem die Speisen zubereitet werden, auf der anderen Seite das Wasser des Spülbeckens, das für die Sauberkeit unerlässlich ist.

Die Chinesen haben bis heute ihr Jahrtausende altes Wissen über den Zusammenhang von Ernährung und Gesundheit bewahrt. Ihr Medizinbegriff ist viel weiter gefasst als in der westlichen Welt und bezieht auch die Art und die Zubereitung der täglichen Nahrung mit ein. Zudem festigt liebevoll zubereitetes und gesundes Essen die Beziehungen der Hausbewohner zueinander: Man denke nur an das deutsche Sprichwort »Liebe geht durch den Magen«.

Die Küche als Treffpunkt von Familie und Freunden

Oberflächlich betrachtet hat die Küche im Alltag der modernen westlichen Welt ihre zentrale Bedeutung verloren. Die Mitglieder der Familie sind tagsüber und oft auch am Abend mit Beruf und Freizeit beschäftigt, weshalb jeder seine Mahlzeiten zu verschiedenen Zeiten allein zu sich nimmt. Die Lebensmittelindustrie hat darauf mit der Herstellung von Fertiggerichten reagiert, die nur noch im Wasserbad oder im Mikrowellenherd erhitzt werden müssen. Wenn Sie diesen Ort der Essenszubereitung wohnlich einrichten und dabei einige Regeln beachten, kann die Küche eine positive, harmonisierende Wirkung auf das gesamte Familienleben haben. Die Küche wird so – den großen Wohnküchen in alten Bauernhäusern ähnlich – zu einem behaglichen Treffpunkt, der der Familie ebenso viel Freude macht wie Nachbarn, Verwandten und Freunden.

Die Küche sollten Sie nach Osten oder Südosten ausrichten

Wer die Möglichkeit hat, die Himmelsrichtung der Küche selbst zu bestimmen, hat nur zwei Möglichkeiten: Für ein gutes Ergebnis kommen wegen des heiklen Zusammenwirkens von Feuer und Was-

Morgendliches Licht
Die Morgensonne sorgt für eine frühzeitige energetische Aufladung, die sich auf die vormittäglichen Tätigkeiten in der Küche vorteilhaft auswirkt.

ser nur der Südosten oder der Osten in Frage. Diese Richtungen machen die Küche überdies zum idealen Raum für das Frühstück, denn hier fällt auf die erste Mahlzeit des Tages auch das erste Sonnenlicht.

Der Norden hingegen wird mit Wasser assoziiert, was das Feuer des Herdes »löschen« würde und Geldverlust sowie gesundheitliche Probleme bedeutet. Eine Platzierung im Süden verdoppelt die Feuer-Eigenschaften, wodurch sich das Risiko unausgewogener Ernährung und Brandgefahr erhöht.

Die moderne westliche Küchengestaltung bedient vor allem praktische Ansprüche: Arbeitszeilen, wie sie in den kompakten Zuschnitten heutiger Wohnungen häufig zu finden sind, gewährleisten kurze Wege. Alles liegt dicht beieinander, was nach den Prinzipien des Feng Shui jedoch Probleme aufwerfen kann. Wie bereits dargestellt, vertragen sich das Feuer des Herdes und das Wasser der Spüle nicht. Das gilt sinngemäß auch für Haushaltsgeräte, die mit Wasser verbunden sind, zum Beispiel Spülmaschine, Waschmaschine und

Kühlschrank. Optimal ist ihre Anordnung an jeweils gegenüberliegenden Seiten des Raums. Dabei ist allerdings darauf zu achten, dass sich Herd und Spüle nicht direkt gegenüberstehen, denn die unmittelbare Konfrontation dient nicht der Harmonisierung des Energieflusses.

In den meisten Fällen lässt sich eine nach Feng Shui ideale Anordnung der zentralen Funktionen einer Küche nicht realisieren. Die Leitungen für Strom und Wärme sowie für Ver- und Entsorgung von Wasser sind häufig zu kompakten Einheiten zusammengefasst. Der Wasser-Feuer-Konflikt innerhalb einer Arbeitszeile kann jedoch entschärft werden, wenn Sie zwischen Herd und Spüle eine mindestens eineinhalb Meter breite Arbeitsfläche schaffen. Ist auch dies nicht möglich, hilft es, ein Holz-Element hinzuzufügen. Mit einer hölzernen Trennwand oder einer Dekoration aus Holz – etwa einer Schale oder einem Salatbesteck – die zwischen den »Widersachern« angebracht werden, lassen sich die Folgen der ungünstigen Konstellation mildern.

Bedeutung für die Qualität des Feng Shui in der Küche hat auch die Art der Energie, mit der die Hitze des Herdes erzeugt wird. Ein natürliches, offenes Feuer ist nach wie vor die beste Möglichkeit, die

Speisen zu erhitzen, doch sind Öfen und Herde, die mit Holz oder Kohle befeuert werden, heute kaum noch erhältlich. Die nächstbeste Lösung ist der Gasherd mit seiner offenen Flamme, auf der man mit dem schüsselförmigen Wok am besten kochen kann. Von den zum Standard gewordenen Elektroherden ist abzuraten, denn sie geben eine Form von Energie ab, die nicht nur das Chi der Umgebung unkontrollierbar stört, sondern auch das Energiefeld der Nahrungsmittel verändert. In höchstem Maße trifft das auf den Mikrowellenherd zu, denn sein Funktionsprinzip beruht auf der Herstellung starker Energiefelder, was mit einer Harmonisierung des Chi nach Feng Shui nicht in Einklang zu bringen ist.

Nicht mit dem Rücken zur Tür kochen

Achten Sie darauf, dass Sie bei der Küchenarbeit nicht in der Türlinie und auch nicht mit dem Rücken zur Tür stehen. Im ersten Fall hat der ungehemmt durch die Tür auf den Herd einströmende Energiefluss ungünstige Auswirkungen auf die Qualität der Speisen; im zweiten Fall entsteht, wie auch in anderen Räumen, instinktiv ein Gefühl der Schutzlosigkeit. Sollte die Position des Herdes entsprechend ungünstig und nicht veränderbar sein, helfen ein Windspiel im Eingang oder ein Spiegel über dem Herd. Ein Spiegel sollte das Einzige sein, was über dem Herd angebracht ist. Alle anderen Dinge, insbesondere ein über die Feuerstelle verlaufender Deckenbalken, führen zu gegenläufigen Energieströmen. Den gleichen schlechten Einfluss haben Regalbretter, die beispielsweise zur Aufbewahrung von Kochbüchern oder von Gewürzen dienen.

Dunst-abzugshaube
Auch elektrische Dunstabzugshauben stören die Energieströme und tragen mit ihrem Lärm sowie ihren elektromagnetischen Schwingungen zu einem schlechten Feng Shui bei.

Für große Küchen bieten heute viele Hersteller Herde und Öfen an, die in der Mitte des Raums installiert werden können. Auf diese Weise können Sie die Kochstelle optimal einrichten. Sie haben dann bei der Küchenarbeit den Raum und die Tür im Blick, und die Raumsituation fördert die Kommunikation, wenn sich noch andere Familienmitglieder oder Gäste in der Küche aufhalten.

Die Blickrichtungen beim Kochen

Die Blickrichtung nach Norden sollten Sie als Köchin oder Koch vermeiden. Zwischen dem winterlich ruhenden Chi-Strom aus nördlicher Richtung und der für das Kochen erforderlichen Feuer-Energie

Nicht nach Nordosten schauen

Vor allem jene, die anfällig sind für Stress und Hektik, sollten die Blickrichtung nach Nordosten beim Kochen meiden. Schon kleine Fehler können dazu führen, dass die Übersicht verloren geht und die Speisen misslingen.

lässt sich keine Harmonie herstellen.

Osten: Mit dem Blick nach Osten haben Köchin und Koch eine gute Position. Das östliche Chi fördert praxisorientiertes Denken und aktives Handeln.

Südosten: Wer in dieser Blickrichtung vor dem Herd steht, hat den idealen Platz gefunden. Der Südosten macht ideenreich, er unterstützt aber auch organisatorische Fähigkeiten und fördert die Freude an der Zubereitung von Gerichten.

Süden, Südwesten: Die Feuer-Orientierung dieser beiden Himmelsrichtungen ist günstig für wohlschmeckende, wenn auch schnell zubereitete Mahlzeiten. Ein längerer Aufenthalt am Herd kann hier jedoch unangenehm werden.

Westen, Nordwesten: Der Blick in diese Richtungen bremst die in der Küche nötige Geschwindigkeit. Andererseits kann das Chi des Nordwestens die für aufwändige Rezepte erforderliche Geduld und Konzentration fördern.

TIPPS RUND UM DIE KÜCHE

❖ Alle Arbeitsflächen sowie Herd und Spüle sollten hell und gleichmäßig ausgeleuchtet sein. Dies gilt vor allem für die Bereiche unterhalb von Hängeschränken. Unbeleuchtete Bereiche erhöhen das Risiko eines ungesunden Chi-Staus.

❖ Weiß-, Gelb- und Erdtöne sind für jede Küche gut geeignete Farben. Mit Grün bewahren Sie die Holz-Energie im Osten und Südosten. Blau ist wegen seiner Nähe zum Wasser eher ungeeignet.

❖ Alle Oberflächen sollten glatt und glänzend sein, damit sie leicht sauber zu halten sind und den raschen Chi-Fluss erleichtern.

❖ Holz ist hinsichtlich seines positiven Einflusses auf das Chi ein grundsätzlich vorteilhaftes Material, auch in der Küche. Hier mildert es etwa als Tischplatte oder Anrichte den Wasser-Feuer-Konflikt.

❖ Entscheiden Sie, ob Sie in der Küche mehr Yin oder mehr Yang benötigen. Edelstahloberflächen beschleunigen das Chi und regen an, Kork und Holz haben eine verlangsamende, beruhigende Wirkung.

❖ Lassen Sie so wenig wie möglich herumstehen: Sorgen Sie für ausreichenden Stauraum in Ihrer Küche, so dass alle Kochutensilien, Geschirr und Besteck untergebracht sind und nichts den freien Fluss des Chi beeinträchtigen kann.

DAS KINDERZIMMER

Wie ein Wohnzimmer hat auch ein Kinderzimmer besonders viele, oft gegensätzliche Funktionen zu erfüllen. In den meisten Wohnungen lässt sich kein eigenes Schlafzimmer für Kinder einrichten. Damit dient das Kinderzimmer sowohl als Schlafraum für das Kind und möglicherweise mehrere Geschwister, aber auch als Spielzimmer und als Rückzugsraum. Darüber hinaus soll ein Kinderzimmer über viele Jahre hinweg den unterschiedlichen Anforderungen, die ein heranwachsender Mensch zwischen Säuglingsalter und dem Ende der Pubertät an sein Wohnumfeld stellt, gerecht werden.

Ein Kleinkind verbringt noch viel Zeit in seinem Kinderbettchen. Spätestens nach einem Jahr folgt eine Phase großer neugieriger Aktivität mit ständig wechselnden Interessen. Die Erfahrungen, die das Kind in dieser Zeit macht, prägen es für den Rest seines Lebens. Viele Anlagen, die in Ihrem Kind stecken, können und sollten Sie zu dieser Zeit fördern. Damit kommt auch der Gestaltung des frühen Lebensumfelds Ihres Kindes eine besondere Bedeutung zu.

Die bereits genannten Anforderungen an ein Kinderzimmer stehen sich zunächst unvereinbar gegenüber: Einerseits muss der Raum, wenn sich das Kind tagsüber darin aufhält, anregend und aktivierend sein und daher eindeutig viel Yang besitzen. Andererseits besteht die Notwendigkeit des ungestörten, tiefen Schlafs in der Nacht, wofür Yin vorherrschen sollte. Eine Entscheidung über die Prioritäten fällt hier außerordentlich schwer.

Die Energien des Ostens nutzen

Es sind die Strömungen aus dem Osten, die insbesondere für die Jugend und das Heranreifen stehen. Deshalb ist die Orientierung gen Osten für ein Kinderzimmer grundsätzlich anzuraten. Die Aktivität und die Entwicklung des Kindes wird hier am besten unterstützt. Im Osten geht außerdem die Sonne auf, was dem Kind schon früh am Morgen erstes Sonnenlicht mit auf den Weg gibt. Ein Kinderzimmer im Westen hingegen verschafft den Eltern zwar ruhige Nächte, doch sind die aus dem Westen einströmenden Energien nicht günstig für das Wachstum der Kleinen.

Um einen tragfähigen Kompromiss zwischen dem Yin des Schlafens und dem Yang des Spielens und Lernens herzustellen, ist die Ausrichtung des Kinderzimmers in Richtung Südosten zu empfehlen: Die Holz-Energie des Ostens wird abgeschwächt durch die Feuer-Energie des Südens.

DIE YANG-ENERGIE

Die Yang-Energie des Ostens wird gefördert durch ...

- ❖ helles Blau als Grundfarbe, stellenweise ergänzt durch ebenfalls helle Gelb- und Grüntöne;
- ❖ einfarbige Tapeten, Bettwäsche und duftige Gardinen;
- ❖ indirekte Beleuchtung, die von der Lampe zur Zimmerdecke strahlt und als Reflexion von der Decke kommt;
- ❖ Fenster ohne Vorhänge.

Die Yang-Energie des Ostens wird kontrolliert durch ...

- ❖ eine Farbgebung in Pastelltönen;
- ❖ den Einsatz von Feuer-Energie zum Beispiel durch spitz zulaufende Muster, wie sie etwa auf Tapeten oder Wandbehängen mit sternförmigen Mustern oder Zickzacklinien zu finden sind;
- ❖ Rollos aus Stoff vor den Fenstern (Rollos sind besser geeignet als Vorhänge aus dickem Stoff, die in der Nacht eine Stagnation des Chi-Stroms verursachen können);
- ❖ Wandbehänge aus Stoff, Patchworkbilder;
- ❖ Mobiles aus weichen Materialien in Pastelltönen.

Wenn Sie das Verhalten Ihres Kindes aufmerksam beobachten, werden Sie schon in einer sehr frühen Lebensphase auffällige Charakterzüge feststellen. Diese verraten Ihnen den optimalen Standort für das Kinderzimmer. Der Charakter des Kindes hilft Ihnen dabei, das Verhältnis zwischen Yin- und Yang-Elementen richtig einzuschätzen. Erweist sich Ihr Kind als überaktiv oder außergewöhnlich ängstlich, so ist auch gegen eine West-Ausrichtung des Kinderzimmers nichts einzuwenden. Die ruhigere Energie wirkt harmonisierend und damit stabilisierend. Neigt Ihr Kind hingegen zur Zurückhaltung, kann es durch die jugendliche Energie des Ostens zu mehr eigenständigem Handeln angeregt werden. Für die meisten Kinder ist vermutlich ein Zimmer mit Ost-Ausrichtung, dessen Energien durch beruhigende Farben und Muster gemildert werden, der beste Ort zum Aufwachsen.

Helle Farben, abgerundete Kanten

Qualitätsmöbel für Kinderzimmer sind üblicherweise in hellen Farben lackiert und haben abgerundete Kanten. Die Farben wirken freundlich auf das kindliche Gemüt, die runden Kanten verringern die Verletzungsgefahr. Eine Einrichtung in diesem Stil begünstigt zudem das Feng Shui des Kinderzimmers: Die Helligkeit aktiviert den Energiestrom, und die Rundungen tragen dazu bei, dass kein Schneidendes Chi auftreten kann.

Nehmen Sie das Bagua-Diagramm zur Hand und vergleichen Sie es mit der Struktur des Kinderzimmers. Sollten Sie im Bereich »Kinder« (mittleres Feld in der rechten Spalte vom Eingang aus gesehen) einen Gegenstand oder eine Anordnung entdecken, die wenig kindgerecht oder sogar bedrohlich erscheint, dann entfernen Sie diese Störung. Das Bett sollte so weit wie möglich vom Chi-Fluss entfernt aufgestellt sein, also von Türen und Fenstern weggerückt werden. Auf jeden Fall sollte vermieden werden, das Kopfende des Bettes unmittelbar vor ein Fenster zu schieben. Sollten sich mehrere Kinder das Zimmer teilen, dann versuchen sie, den Raum so einzuteilen, dass alle Betten die gleiche Ausrichtung haben. Damit mindern Sie Spannungen unter den Kindern. Ganz ausschließen lassen sich allerdings Streitereien und die letztlich der Persönlichkeitsentwicklung dienenden Positionskämpfe unter Geschwistern auch damit nicht.

Außerdem ist es für die Entwicklung wichtig, dass jedes Kind, das das Zimmer nutzt, ein eigenes – und sei es noch so winziges – Terri-

TIPPS FÜR DAS JUGENDZIMMER

❖ Ein guter Platz für den Schreibtisch ist dort, wo das Kind eine sichere Position hat. Dafür muss es mit dem Rücken zur Wand sitzen und den Überblick über den Raum haben.

❖ Der ungünstigste Platz für das Aufstellen eines Schreibtischs ist direkt vor einem Fenster mit Blick nach draußen. Schlimmer noch ist es, wenn das Kind beim Erledigen der Hausaufgaben zwischen dem Fenster und der Tür sitzt: Der Chi-Strom fließt von der Tür über das Kind hinweg zum Fenster hinaus, was Konzentrationsschwächen zur Folge hat.

❖ Der Schreibtisch sollte vom Tageslicht profitieren, ohne dass der Lernende direkter Sonneneinstrahlung ausgesetzt ist.

❖ Die Schreibtischlampe muss die Arbeitsfläche gleichmäßig und hell ausleuchten. Sie sollte außerdem sehr flexibel sein und viele Einstellmöglichkeiten bieten.

❖ Elektrische Geräte stören den Energiestrom auch im Kinderzimmer. Fernsehgeräte und Computer sind ab einem gewissen Alter zwar unverzichtbare Bestandteile der Ausbildung, doch sollte das Kinderzimmer so spät wie möglich damit ausgerüstet werden.

torium für sich beanspruchen kann. Greifen Sie in die Gestaltung dieses »privaten Raumes« so wenig wie möglich ein. Aber sowohl die kleinen persönlichen Bereiche Ihrer Kinder als auch der gemeinsam genutzte Raum sollten am Abend aufgeräumt sein. Auch und gerade im Kinderzimmer muss das Chi frei und unbehindert fließen können, planen Sie deshalb rechtzeitig genug Stauraum für eine schnell wachsende Menge an Spielzeug ein.

Mit wachsendem Alter wandelt sich das Kinderzimmer zum Arbeits- und Studierzimmer. Nun werden die Flächen, die bisher zum Spielen gebraucht wurden, nach und nach Arbeits- und Ablageflächen zum Lernen weichen.

DAS ESSZIMMER

In vielen Haushalten werden in der Küche nicht nur die Mahlzeiten zubereitet, sondern auch eingenommen. Das ist günstig, denn dadurch ist der Weg vom Herd zum Essplatz kurz. Ideal ist die klassische Wohnküche, die einerseits die räumliche Einheit von Kochen und Essen herstellt, zum anderen aber trotzdem zwischen beiden Bereichen eine Distanz zulässt. Diese aus dem bäuerlichen Leben stammende Wohnkultur wurde inzwischen von vielen Bauherren

wieder entdeckt und beim Bau des Eigenheims in moderner Interpretation umgesetzt.
In heutigen Etagenwohnungen ist die Küche oft sehr eng geschnitten. Mehr als eine Person findet hier kaum Platz zum Essen. Dafür sind solche Wohnungen häufig mit einem eigenen Essbereich ausgestattet. Dies kann ein eigenes Zimmer sein, das neben der Küche liegt und mit ihr idealerweise über eine Durchreiche verbunden ist; es kann aber auch ein Teil des Wohnzimmers sein. In diesem Fall empfiehlt es sich, die beiden Funktionen des Raumes deutlich voneinander zu trennen. Das kann mit einem Windspiel oder Pflanzen auf eher symbolische Weise geschehen, aber auch mit einem Raumteiler wie einer Kommode oder einem Regal. Mitunter finden sich in einem Haushalt auch beide Formen, die je nach Gelegenheit genutzt werden: In der Küche nimmt die Familie die alltäglichen Mahlzeiten ein, während das Esszimmer besonderen Anlässen wie Feiertagen, Familienfesten oder Einladungen von Freunden, Geschäftspartnern oder Kollegen vorbehalten ist.
Beim Essen ist nicht nur das Was, das Wo und das Wie entscheidend, auch darüber, worauf es präsentiert wird, sollten Sie sich Gedanken machen. Es gibt vier empfehlenswerte Formen für einen Ess-

Eine Esszimmereinrichtung in hellem Holz wirkt sehr belebend. Hier wird die Feuer-Energie der Lampe durch ihre spitze Form und ihre rote Farbe verstärkt.

tisch, die entsprechend unterschiedliche Wirkung auf das Feng Shui im Esszimmer haben: Rund, oval, rechteckig oder quadratisch. Übereck-Kombinationen oder Tische mit Einbuchtungen sind dagegen ungeeignet, weil sie im Sinne des Feng Shui unvollständige Formen sind, mit denen sich keine Harmonie herstellen lässt. Wenn Sie nur hin und wieder viele Gäste bewirten, ist ein Ausziehtisch vorteilhaft. Er beansprucht im Normalzustand weniger Platz als eine am Maximalbedarf ausgerichtete Tafel.

Günstige Formen für den Esstisch

Rund: Der Kreis ist die vollkommenste aller Formen und hat daher für alle, die um ihn herum Platz nehmen, die gleiche harmonische Chi-Strömung. Nicht umsonst ist ein »Gespräch am runden Tisch« oft der letzte Versuch, zwischen unversöhnlich zerstrittenen Verhandlungspartnern zu vermitteln.

Oval: Da an einem »Runden Tisch« häufig viele Menschen Platz finden müssen, kann man den Kreis auch in die Länge strecken und erhält so eine ovale Tischplatte. Die Streckung der Form ist mehr Yin und hat daher auch eine entspannende Wirkung für eine stressfreie Mahlzeit.

Rechteckig: Auch der rechteckige Tisch hat den entspannenden Charakter der länglichen Form.

Quadratisch: Das Quadrat ist mathematisch gesehen nur ein Spezialfall des Rechtecks, in der Feng-Shui-Tradition steht es aber dem Kreis näher und ist deswegen eine Yang-Form. Das Chi wird auf einer quadratischen Tischplatte mit Energie aufgeladen und beschleunigt. Deshalb eignet sich diese Form am besten für ein schnelles Mit-

Trennlinien bewusst abdecken

Bedecken Sie den ausgezogenen Tisch stets mit einem Tischtuch, um die Trennfugen unsichtbar zu machen. Sie besitzen sonst einen auf die Tischgemeinschaft bezogenen trennenden, im schlimmsten Fall sogar entzweienden Effekt.

tagessen oder ein ergebnisorientiertes Geschäftsessen.

Materialien am Essplatz

Holz: Grundsätzlich hat die Holz-Energie eine recht belebende, alle Aktivität begünstigende Wirkung. Allerdings muss bei diesem in fast allen Lebensbereichen nützlichen und positiven Element unterschieden werden zwischen den leichten Weichhölzern, die mehr Yin sind, und den Harthölzern, die zu Yang tendieren. Ein Tisch aus hellem Kiefernholz ist ein freundlicher, entspannender Essplatz für die ganze Familie; ein dunkel poliertes Edelholz hingegen eignet sich besser für formelle Anlässe.

Marmor: Die glatt polierte Oberfläche des Yang-dominierten Steins beschleunigt das Chi und verstärkt die Dynamik und die Aktivität rund um den Tisch.

Glas: Mit seinem mineralischen Ursprung und der sehr glatten Oberfläche beschleunigt Glas das Chi am stärksten und kann damit zu einer eher unruhigen Atmosphäre bei Tisch führen. Auch schätzt es nicht jeder, beim Essen den Fußboden und die Beine sehen zu können. Da das Essen auf dem Tisch zu schweben scheint, können sich ebenfalls atmosphärische Störungen ergeben.

Durch die Kombination verschiedener Elemente können Sie den Energiestrom auch bei ungünstigen Voraussetzungen individuell nach Ihren Vorstellungen gestalten. So lässt sich die Yang-Wirkung einer Marmorplatte durch Blumenschmuck in einem runden Topf kontrollieren. Andererseits haben Sie die Möglichkeit, den zu starken Yin-Einfluss eines ovalen Weichholztisches mit dem Yang von Metall-Accessoires und der Feuer-Energie spitzer Formen anregender zu gestalten.

Die Acht Himmelsrichtungen bei Tisch

Feng Shui beinhaltet auch eine Sitzordnung am häuslichen Tisch, die aus den Eigenschaften der Himmelsrichtungen abgeleitet ist. Danach ist jeder Himmelsrichtung ein Familienmitglied zugeordnet. Das System stammt zwar aus der patriarchalisch geprägten Tradition des alten China, versteht man die Familienaufteilung jedoch als ein Bild für seine eigene Familie, die eigene Lebensgemeinschaft oder den eigenen Freundeskreis, dann lassen sich die Himmelsrichtungen gut in die Praxis übertragen:

Platz im Norden, Blick nach Süden: Aus der Position der Stille, der Unabhängigkeit und des Ruhens in sich selbst richtet sich der Blick auf Leidenschaft und gesellschaftliche Anerkennung. Hier sitzt der mittlere Sohn.

Platz im Nordosten, Blick nach Südwesten: Der Platz repräsentiert Kräfte, die Arbeitsamkeit und Motivation begünstigen; der Blick richtet sich auf Mütterlichkeit und Freundschaft. Es ist der Platz des jüngeren Sohns.

Platz im Osten, Blick nach Westen: Aus der Position einer sich verstärkenden Aktivität, des Selbstvertrauens und des Optimismus richtet sich der Blick auf romantische Glücksgefühle und in sich ruhende Verspieltheit. Dort nimmt der älteste Sohn Platz.

Platz im Südosten, Blick nach Nordwesten: Kreativität und Gesprächsbereitschaft werden auf diesem Sitzplatz gefördert, die Blickrichtung geht in Richtung Respekt und Führungsanspruch. Dies ist der Platz der ältesten Tochter.

Platz im Süden, Blick nach Norden: Der Platz bedeutet öffentliche Anerkennung, glühende Energie und Leidenschaft; der Blick geht in den Bereich inneren Wachsens, der Ruhe und des Innehaltens. Hier sitzt die mittlere Tochter.

Platz im Südwesten, Blick nach Nordosten: Der Sitz ist von Energien geprägt, die Harmonie innerhalb der Familie, bedächtige Zielstrebigkeit und Sparsamkeit günstig beeinflussen. Die Blickrichtung geht in Richtung Eigenmotivation und Arbeit. Es ist der Platz der Mutter.

Platz im Westen, Blick nach Osten: Diese Konstellation richtet den Blick von verspielter Romantik hin auf eine aktiv gestaltbare Zukunft, in der Träume in die Wirklichkeit umgesetzt werden sollen. Dieser Platz ist der jüngsten Tochter zugeordnet.

Platz im Nordwesten, Blick nach Südosten: Der Platz steht im Zusammenhang mit Autorität, Weisheit und Verantwortungsbewusstsein; der Blick steht mit solchen Energien in Verbindung, die ein harmonisches Miteinander fördern. Hier sitzt der Vater und Hausvorstand.

DAS BADEZIMMER

In keinem anderen Raum klaffen die Praxis des modernen Wohnungsbaus und die Regeln des Feng Shui so weit auseinander wie

Durch die glatten Oberflächen großer Fliesen kann das Chi im Badezimmer gut fließen. Die Farbe Blau verstärkt die Wasser-Energie und wirkt entspannend. Auch die hellen Korbmöbel tragen zu dieser Wirkung bei.

im Badezimmer. Zwei der wichtigsten Faktoren sind die enorme Dominanz des Wasser-Elements sowie die Zusammenfassung von Badezimmer und Toilette in einem Raum. Im alten China galt die Toilette als Ort des Unglücks. Reiche Haushalte konnten es sich leisten, auf Toilettenräume vollständig zu verzichten, denn den Familienmitgliedern wurden von Bediensteten mobile sanitäre Einrichtung gebracht, deren Inhalt außerhalb des Hauses gesammelt und später als Dünger für die Felder verkauft wurde. In einfacheren Verhältnissen wurde versucht, das »stille Örtchen« so weit wie möglich von den Wohnbereichen entfernt einzurichten.

Chi wird hinausgespült

Moderne Toilettenanlagen sorgen durch die effektive Spülung dafür, dass die Ausscheidungen nur kurze Zeit im Haus verbleiben. Allerdings schaffen sie trotz aller Hygiene genau deswegen ein neues energetisches Problem: Durch das häufige und sehr rasche Abfließen von Wasser verlässt nicht nur der Unrat das Haus auf schnellstem Wege, sondern auch die Chi-Energie. Im Bad befinden sich meist auch Badewanne oder Dusche, die der körperlichen Reinigung dienen. Hinsichtlich der Risiken für ein harmonisches Chi sind

MEHR TIPPS FÜR DAS BADEZIMMER

❖ Versuchen Sie, das Badezimmer und den Toilettenraum möglichst weit vom Haus- oder Wohnungseingang entfernt oder, falls vorhanden, am Ende eines langen Flurs einzurichten. Denn an dieser Stelle sind die fließenden Chi-Ströme bereits geschwächt und für die – in den übrigen Räumen lebenden – Bewohner nicht mehr von Bedeutung.

❖ Die am wenigsten störenden Einflüsse übt ein Badezimmer aus, wenn es im Osten oder Südosten der Wohnung oder des Hauses liegt. Hier bestehen harmonische Aspekte zur Holz-Energie dieser Himmelsrichtungen.

❖ Halten Sie sowohl den Deckel der Toilettenschüssel als auch die Tür des Badezimmers immer geschlossen, um den Energiestrom vor den »Chi-Fallen« der Ausgüsse zu schützen.

❖ Ein Spiegel an der Außenseite der Badezimmertür steuert den Chi-Strom am Nassraum vorbei.

❖ Sorgen Sie insbesondere in fensterlosen Badezimmern und Toilettenräumen für eine gute Beleuchtung beziehungsweise für helles

2

EINFLUSS VON LAGE UND UMGEBUNG

DIE VERSCHIEDENEN LANDSCHAFTSFORMEN WIRKEN ZUSAMMEN

Wenn die Landschaft eher eben ist, sollten Sträucher und alte Bäume vorhanden sein. Das Zusammenwirken der vier himmlischen Tiere Drache, Tiger, Schildkröte und Phönix lässt sich auch ohne Höhenzüge mit einer entsprechenden Anordnung von Pflanzen, Zäunen und Spalieren darstellen. Sind Sie dagegen im Gebirge auf Grundstückssuche, so sollten Sie die direkte Nachbarschaft der Berge meiden. Das Leben unter einer wild zerklüfteten Gipfelformation setzt die Bewohner ungünstigen Windturbulenzen und einer sehr starken Feuer-Energie aus. Das gilt auch für einen Steilhang oder gar eine senkrechte Felswand hinter dem Haus. Wenn Sie die Wahl haben, meiden Sie Standorte hoch oben auf dem Berg ebenso wie ganz unten im engen Tal; besser ist die Lage in halber Höhe.

Grundstücke auf einer Schräge, bei denen das Haus über den Hang hinausragt, sind zwar spektakulär, im Sinne eines guten Feng Shui jedoch ungünstig, denn hierbei fehlt dem Gebäude die »Rückendeckung«. Dieser Mangel überträgt sich auch auf die Bewohner, die mit Problemen am Arbeitsplatz, finanziellen Notlagen und wenigen Nachkommen rechnen müssen. Ein Standort am Fluss gilt im Sinne des Feng Shui allgemein als günstig, da Wasser kosmische Energie aufnimmt und ein Wasserlauf sichtbares Zeichen für das Fließen des Chi ist. Allerdings gibt es auch hier weniger geeignete Stellen: Dazu gehören scharfe Biegungen im Flussbett oder der Zusammenfluss zweier Flussläufe. Fließt der Wasserlauf auf das Haus zu, kommen nur Osten und Südosten als günstige Richtungen in Betracht. Denn das Holz-Element der südlichen Richtungen unterstützt die Wasser-Energie. Dadurch werden Kommunikation, Kreativität, Karriere und Aktivität gefördert.

Der Einfluss von Straßen

Natürlich muss ein Wohnhaus auch mit dem Auto gut erreichbar sein. Was den Verlauf von Straßen betrifft, ist allerdings darauf zu achten, dass der Verkehr sein eigenes, starkes Energiefeld aufbaut und damit das Chi schädigen kann. Das zeigt sich vor allem an langen geraden Strecken, auf denen das Chi eine starke Beschleunigung erhält. Daher ist ein Bauplatz am Ende einer Sackgasse auch eher ungünstig, da die vom Straßenverkehr ausgehende Energie direkt auf das Haus einströmt. Eine hohe Mauer oder ein bewachsener Zaun können in einem solchen Fall Abhilfe schaffen.

10 WEST
San Antonio
EXIT ONLY
EXIT 45A
10 EAST
Beaumont
EXIT ONLY

Die Wohnumgebung ist für das Wohlbefinden wichtig. Starker Verkehr kann dabei nicht nur wegen der Lärm- und Abgasbelästigung schädlich sein, sondern auch das Chi stören. Der Straßenverlauf ist daher bei einem Hauskauf auf jeden Fall zu berücksichtigen.

ENERGIESTRÖME IN DER STADT

Die Standortbestimmung nach den Vier Himmlischen Tieren hilft auch in einer städtischen Umgebung. Doch durch die räumliche Enge und die Vielfalt der Formen in unmittelbarer Nachbarschaft müssen Sie das Umfeld besonders aufmerksam prüfen. Es kann sein, dass der »Schildkrötenpanzer«, von dem Sie sich Schutz erhofften, sich bei näherer Betrachtung als chemische Fabrik oder Schlachthof herausstellt. Dann sollten Sie nach anderen Orten Ausschau halten, denn Gebäude mit solchen Funktionen verströmen nicht nur übel riechende Ausdünstungen, sondern geben auch ein stark negatives Chi ab. Andere ungeeignete Bauplätze finden sich in unmittelbarer Nähe von Friedhöfen und Kirchen (zu viel Yin), Gefängnissen und Krankenhäusern (zu viel Trauer und Angst), Regierungsgebäuden (zu starke Energien), früheren Bergbaugebieten oder trockengelegten Sümpfen (zu wenig Standfestigkeit für ein Fundament).

Straßen, Eisenbahntraßen und Flussläufe in der Stadt sind genauso zu beurteilen wie solche in der freien Natur; auch hier sind die Fließgeschwindigkeit und die Form der Wegführung von Bedeutung. In Städten und Vorstädten kommt es leicht dazu, dass ein Haus Schneidendem Chi ausgesetzt ist, weil es an einer Kreuzung, inmitten einer Gabelung, an der Außenseite einer Kurve oder innerhalb eines Kreisverkehrs steht. In diesen Fällen helfen Maßnahmen wie Windspiele im Eingangsbereich oder Büsche im Vorgarten, die das Chi zurückwerfen.

DIE ARCHITEKTURFORMEN DER FÜNF ELEMENTE

Die Wirkung der Fünf Elemente Holz, Feuer, Erde, Metall und Wasser lässt sich nicht nur auf die Charakterisierung von Bauwerken selbst anwenden, die Qualität eines Ortes kann man auch durch einen Vergleich mit der Umgebung ermitteln. Woran aber sind die Elemente, die ein Bauwerk oder ein bestimmtes Stadtbild beherrschen, festzumachen?

Holz: Holz repräsentiert die nach oben strebende Energie, seine Formen sind daher das längliche, auf einer Schmalseite stehende Rechteck ebenso wie die Säule. Das typische Bauwerk des Holz-Elements ist das Hochhaus. Im Inneren eines Hochhauses herrscht ein verwirrendes Energiechaos, das umso stärker wirkt, je höher das Gebäude ist. Unten lastet das Gewicht der darüber liegenden Baumasse so schwer, dass das eigentliche Element des Hauses, das Holz, kaum noch wirksam ist. Deshalb muss es in den unteren

Holz ist ein Element, das für Vitalität und Kreativität steht. Unterstützt wird dies durch eine gewisse Höhe des Baus.

Stockwerken gestärkt werden. In den oberen Etagen geht dagegen die Verbindung zur Erde umso stärker verloren, je höher sie liegen. Auch eine Zeile Reihenhäuser gehört, obwohl sie mit ihrer dem Boden folgenden gestreckten Form eher der Erde zugeordnet scheint, zum Holz-Element. Das Aufstreben wird durch die Mehrgeschossigkeit und das häufig offene Treppenhaus repräsentiert, das zwischen oben und unten eine Verbindung herstellt. Leben Sie also in einem Hochhaus oder einem Reihenhaus, hat ihr Standort Holz-Energie. Finden Sie in Ihrer Umgebung viele Hochhäuser, Reihenhäuser, aber auch Kaminschlote oder viele hohe Bäume, so verfügt Ihre Umgebung über Holz-Energie.

Feuer: Bauwerke, die dem Feuer-Element zuzuordnen sind, erkennen Sie an den spitz zulaufenden Dachformen. Deren extremste Vertreter sind gotische oder neugotische Kirchen mit ihren spitzen Türmen. Spitze Giebel sind allerdings auch bei normaler Wohnbebauung häufig anzutreffen. Das so genannte Satteldach führt, und zwar je steiler, desto stärker, die Energie in Richtung des höchsten Punkts. Haben Sie selbst ein solches Haus bezogen, so leben Sie an einem Feuer-Standort. Stehen viele Gebäude mit Spitzdächern in Ihrer Umgebung oder erhebt sich dort gar eine mittelalterliche Kathedrale, haben Sie damit eine Feuer-Umgebung. Ähnliche Wirkungen gehen auch von Nadelwald sowie einem Gebirgszug mit einer zickzackförmig verlaufenden Silhouette aus.

Erde: Flach, liegend und erdnah sind Bauformen, die dem Erde-Element zuzuordnen sind. Es steht für Stabilität und Beständigkeit, was im Falle von Häusern besonders erstrebenswerte Eigenschaften sind. Auch Häuser mit Satteldächern sind dem Erde-Element zuzurechnen, sofern der Neigungswinkel der Dachflächen 15 Grad nicht übersteigt. Anders als das Satteldach mit spitzem First verhält sich das flachere Dach in energetischer Hinsicht neutral. Deshalb bleiben die eingeströmten Energien auch in den darunter befindlichen Räumen, was allerdings auch zu einer als unangenehm empfundenen Verdichtung des Chi führen kann. Das klassische Erde-Haus ist ein Bungalow mit seiner gestreckten rechteckigen Form und dem Flachdach. Das Erde-Chi gewinnt an Kraft, je größer die Grundfläche eines einstöckigen Gebäudes ist. Steht Ihr Wohnhaus neben einem modernen Supermarkt in einem Gebäude mit extrem gestrecktem Baukörper und einem flachem Dach, dann leben Sie in einer Erde-Umgebung. Ist dieses Haus ein Bungalow oder eines mit eher flachem Satteldach, wohnen Sie an einem Erde-Standort.

> **Der Yen**
> **Der japanische Ausdruck für Geld, nämlich Yen, gesprochen »En«, bedeutet eigentlich Kreis.**

Metall: Die Form des Metall-Chi ist der Kreis, beziehungsweise der Kreisbogen. Er gilt als diejenige geometrische Form, die am stärksten die anzustrebende kosmische Harmonie repräsentiert. Denn ein Kreis hat weder Anfang noch Ende, und von seinem Mittelpunkt ist der äußere Rand immer gleich weit entfernt. Metall und Kreisform symbolisieren auch Münzengeld, was wiederum Einkommen und materielle Sicherheit bedeutet. Es ist daher nicht verwunderlich, dass fast überall auf der Welt runde Formen dort vorherrschen, wo Gebäude von besonderem spirituellen Wert, umfassender politischer Macht oder anderer herausragender Bedeutung stehen: Tempel und Paläste sind von mindestens einer Kuppel gekrönt. Ebenso weisen auch Walmdächer und Rundbögen auf die Metall-Energie hin. Wo runde Formen vorherrschen – sei es im Grundriss oder im seitlichen Schnitt – dominiert das Metall-Chi. Ist Ihr Grundstück von Gebäuden mit Walmdächern, Dachkuppeln oder vielen Rundbögen umgeben, so leben Sie in einer Metall-Umgebung.

Wasser: Da Wasser keine eigene Form hat und imstande ist, jede Form auszufüllen, in die es fließt, gelten Bauwerke, die nicht ein-

CHARAKTER DER ELEMENTE IN BEZUG AUF IHRE BAUFORMEN

Element	**Bauformen**
Holz	Hochhäuser Häuser mit schmalem Grundriss Türme
Feuer	Häuser mit spitzen Satteldächern (> 15°) spitz zulaufende Turmdächer Zickzacklinien in der Fassade
Erde	Bungalows Häuser mit Flachdächern Häuser mit flachen Satteldächern (< 15°)
Metall	Gebäude mit Kuppeln Häuser mit Walmdächern Rundbögen
Wasser	Gebäude mit Eigenschaften unterschiedlicher Elemente Uneinheitliche Bauformen großflächige Fassadenverglasung

deutig zuzuordnen sind, als dem Wasser-Element zugehörig. Dies sind etwa Gebäude, denen im Lauf von Jahrzehnten oder gar Jahrhunderten eher planlos Erweiterungen in verschiedenen Stilen angefügt wurden. Auch weist die großflächige Verwendung von Glas auf eine Wasser-Charakteristik hin. Eine Umgebung hat dann einen Wasser-Charakter, wenn viele Elemente gleichzeitig und fast gleichwertig vertreten sind. Ein solches Nebeneinander verschiedener Formen und Nutzungen findet man vor allem in den Peripherien der Großstädte.

Gerade das letzte Beispiel mit Glas als Baumaterial weist darauf hin, dass sich in der Praxis die Standorte und Umgebungen nicht immer ganz eindeutig einem Element zuordnen lassen. Vor allem die Verdichtung und die Vielgestalt urbaner Räume machen Festlegungen häufig sinnlos. Im Zentrum heutiger Großstädte finden sich viele Hochhäuser, deren Fassaden vollständig mit Glas verkleidet sind. Die Form ordnet das Bauwerk dem Holz-Element zu, das vorherrschende Material weist aber auf einen Wasser-Charakter hin. Es kommt nun auf den konkreten Einzelfall an, wie eine solche Konstellation zu beurteilen ist. Es kann sein, dass man sich mit einer Entscheidung Zeit lassen muss, weil erst nach und nach spürbar wird, welche Kräfte tatsächlich auf einen Ort einwirken und welche Energien fehlen. Deshalb können die Prinzipien des Feng Shui niemals den Rang eines Gesetzes haben, Entscheidungsfreiheit und Verantwortung des Anwenders bleiben weiterhin stets gegeben. Dennoch lohnt es sich, den Blick für die Qualitäten eines Standorts und seiner Umgebung zu schulen. Die folgende Übersicht fasst die Empfehlungen zusammen, denn es gibt fünf günstige Kombinationen von Standort und Umgebung:

Holz-Standort, Wasser-Umgebung: Der Holz-Aspekt wird vom energiereichen Wasser-Element gefördert. Eine gute Lage, um Karriere zu machen, denn neue Ideen lassen sich gut umsetzen.

Feuer-Standort, Holz-Umgebung: Das Holz nährt das Feuer, deshalb verschafft sich jeder, der in dieser Konstellation wohnt, leichter gesellschaftliche Anerkennung.

Erde-Standort, Feuer-Umgebung: Die Feuer-Energie hat auf den Erde-Standort einen sehr guten Einfluss und begünstigt harmonische Beziehungen innerhalb der Familie.

Wasser-Standort, Metall-Umgebung: Die Unterstützung, die das Wasser-Haus von der Metall-Umgebung erhält, führt zu mehr Harmonie mit dem persönlichen Umfeld und größerer Vitalität.

GEHEIME PFEILE AUS DER NACHBARSCHAFT

Ungünstiges Feng Shui für den Standort eines Hauses bildet sich oft in der unmittelbaren Nachbarschaft. Hervorspringende Kanten, Traufen und Firste an Nachbargebäuden erzeugen die so genannten »Geheimen Pfeile« oder das »Schneidende Chi«. Wenn die Energie an diesen scharfen Kanten vorbeifließt, kann es zu Strömungsabrissen oder Verwirbelungen des Chi-Flusses kommen. In beiden Fällen handelt es sich um Störungen des Chi, die sich nicht negativ auf das Gebäude mit den scharfen Kanten selbst auswirken, sondern auf die Bauwerke, in deren Richtung diese Kanten und Winkel zeigen und damit auf die Bewohner dieser Gebäude. Unbewusst können solche Formen Unwohlsein, Nervosität und sogar Angst erzeugen. Die Ursache dafür liegt vermutlich, wie so oft, in der Entwicklungsgeschichte des Menschen: Die ersten Waffen, die der Mensch nicht nur gegen seine Jagdbeute, sondern auch gegen seine Artgenossen richtete, waren Pfeile und Lanzen – Gegenstände also, die in einem Ende spitz zulaufen. Die Wirkung dieser Geheimen Pfeile ist so schädlich, dass im traditionellen Feng Shui Menschen, die über Jahre hinweg Geheimen Pfeilen ausgesetzt sind, keine lange Lebenserwartung bescheinigt wird.

Ungünstiges Feng Shui wird durch so genannte Geheime Pfeile ausgesendet. Sie entstehen, wenn Ecken von Gebäuden auf Häuser der Umgebung zeigen.

Zur Abwehr von Geheimen Pfeilen kann ein Holzgitter dienen, das den Zaun überragt und mit Wein oder Efeu berankt wird. Achten Sie auch auf Geheime Pfeile, die möglicherweise von Ihrem Grundstück selbst ausgehen; Ursache können rechtwinklige Beete und Rabatten sein. Besser sind dafür schwungvoll bewegte Formen. Die häufigsten Angriffe durch Geheime Pfeile sind folgende:

Der benachbarte Giebel weist auf die Längsseite Ihres Hauses: Eine sinnvolle Abwehrmaßnahme ist das Beranken der Hauswand, mit oder ohne Hilfe eines vom Boden bis zur Traufe reichenden Rankgitters aus Holz oder Bambus.

Die Ihnen zugewandte Ecke eines Nachbarhauses zeigt auf eines Ihrer Fenster: Hängen Sie ein Windspiel oder einen echten Bergkristall in die Mitte dieses Fensters.

Angriff eines schlanken, hoch aufragenden Elements auf Ihre Tür oder eines Ihrer Fenster: Zusätzlich zu den oben genannten Maßnahmen können die Geheimen Pfeile, die etwa von Bäumen, Laternenpfählen, Mobilfunkmasten oder auch Stangen von Straßenschildern ausgehen, mit Hilfe eines konkaven Spiegels an der betroffenen Stelle neutralisiert werden. Auch andere runde Formen, wie Kränze, schützen vor dem Schneidenden Chi.

Geheime Pfeile aus dem eigenen Vorgarten: Wollen Sie an der Vorderseite des Hauses einen Garten anlegen, dann achten Sie darauf, dass der Zugangsweg leicht geschwungen ist. Ein schnurgerader Weg beschleunigt das Chi so, dass es Geheime Pfeile ausbildet. Auch jede sich in Richtung des Hauses verjüngende Form, etwa eine Zufahrt oder ein Beet, sendet Schneidendes Chi aus. Entfernen Sie einen Zaun mit spitz endenden Zaunlatten, besser geeignet ist eine niedrige Mauer, die nicht nur Ihren Lebensraum und Grundbesitz deutlich markiert, sondern auch die guten Eigenschaften des Phönix aus der Formenschule hat.

ANGRIFFE AUF DIE EINGANGSTÜR

Besonders sensibel für die Angriffe durch Geheime Pfeile ist der Eingangsbereich, durch den fast das gesamte Chi in das Haus einströmt. Eine vor allem in Reihenhaussiedlungen häufig anzutreffende Form des Angriffs auf die Eingangstür ist ein direkt gegenüberliegender Dachgiebel. Bitten Sie den entsprechenden Nachbarn, seinen Giebel abzudecken. Dafür eignen sich runde Formen am besten. Sollte Ihr Nachbar gleichfalls seinen Eingang gegenüber Ihres Giebels haben, dann gehen Sie mit gutem Beispiel voran. Wenn Sie Ihren

Nachbar nicht überreden können, bringen Sie über Ihrer Eingangstür einen kleinen runden, konkaven Spiegel an. Achten Sie darauf, dass die vom Spiegel reflektierte Energie nicht auf das Nachbarhaus zurückstrahlt, sondern über den Giebel hinwegstreicht. Nur so wird das Schneidende Chi wirklich neutralisiert. Wenn Sie den Spiegel direkt auf das störende Nachbarhaus richten, dann gehen Sie zum Gegenangriff über. Rache aber widerstrebt den auf innere wie äußere Harmonie ausgerichteten Prinzipien des Feng Shui.

Um sich weiter gegen die Geheimen Pfeile zu schützen, können Sie eine Tierfigur auf dem Giebel anbringen. Diese Form der Energieableitung ist auch außerhalb des fernöstlichen Raumes weit verbreitet. So findet man Tierskulpturen beispielsweise auf den Dächern von Bauernhäusern in Süddeutschland und Österreich. Deren Bewohner wollen damit böse Geister, also genau genommen schlechtes Chi, abwehren.

HARMONIE FÜR SCHATTENBEREICHE

Einer der Träger von Chi ist das Sonnenlicht. Wird die Sonneneinstrahlung auf Ihr Haus behindert, dann ist auch der Chi-Strom eingeschränkt. Deshalb sollten Sie auch überprüfen, ob Ihr Haus oder

Der Sonnentiefstand
Schatten aus der östlichen und der westlichen Richtung haben die längste Verweildauer, da die Sonne hier ihren Tiefstand hat.

Teile davon von Nachbargebäuden über längere Zeit beschattet werden. Ist dies der Fall, kann Ihnen die Energie der jeweiligen Himmelsrichtung fehlen. Mit folgenden Maßnahmen können Sie fehlendes Sonnenlicht in Ihrem Heim ausgleichen. Konzentrieren Sie die Gegenmaßnahmen dabei immer in der Himmelsrichtung, aus der der Schatten kommt.

Schatten im Osten: Alle Energien, die mit Aktivitäten im Beruf, Geschäftsleben, Karriere und Ehrgeiz verbunden sind, werden geschwächt. Unterstützen Sie daher die Holz-Energie durch den Einsatz von viel Holz beim Mobiliar oder an den Wänden. Nützlich sind auch hohe Grünpflanzen.

Schatten im Südosten: Hier sind Energien wirksam, die die Kommunikationsfähigkeit, schöpferische Kräfte und die Reiselust fördern. Auch der Südosten wird durch das Holz-Element charakterisiert. Zum Ausgleich empfehlen sich Holz, üppige Grünpflanzen und Wasser. Die passenden Farben sind Grün und Blau.

Schatten im Süden: Wenn der südliche Teil des Hauses von einem Nachbargebäude beschattet wird, sind die Energien, die Leidenschaft, Ruhm und Prestige fördern, geschwächt. Mit offenem Feuer wie in einem Kamin oder mit Kerzen, mit Pflanzen und Dekorationen in kräftigem Rot oder Purpur können Sie dem entgegenwirken. Auch Einrichtungsgegenstände oder Muster mit spitzem Winkel sind zweckmäßig, um die verloren gegangene Energie des Feuer-Elements wiederherzustellen.

Schatten im Südwesten: Hier fehlt es an Strömungen, die mit einem harmonischen Familienleben, Mutterschaft sowie einer allgemeinen Festigung der Lebensumstände in Zusammenhang stehen. Es mangelt an Erde-Energie, die jedoch mit erdfarbenen Gegenständen oder niedrigen Pflanzen in Tontöpfen gestärkt werden kann. Feuer-Merkmale wie brennende Kerzen, spitze Formen bei Dekorationsobjekten und Mustern sowie kräftige Rottöne erfüllen den gleichen Zweck.

Schatten im Westen: Hier endet der Tag früh und es fehlt an derjenigen Energie, die zärtliche Gefühle sowie Zufriedenheit in emotionaler wie materieller Hinsicht fördert. Den Mangel an Metall-Energie können Sie mit runden Objekten ausgleichen, zum Beispiel Münzen aus Gold oder Silber. Rotblühende und rundblättrige Pflanzen in einem runden Metalltopf sind in einem solchen Falle ebenfalls nützlich.

TEIL DREI

HILFE BEI UNGÜNSTIGEN WOHNSITUATIONEN

Ziel einer Optimierung der Lebensführung nach Feng Shui ist das Erreichen von Harmonie, in dem man verschiedene Eigenschaften in der Umgebung und innerhalb des Hauses miteinander in Beziehung setzt. Als Hilfsmittel können Sie hierzu vor allem Gegenstände verwenden, die ohnehin im Hause vorhanden sind, beispielsweise Möbel, Dekorationsobjekte, aber auch Farben und Muster. Denn alles, was Sie in Ihrem Haus platzieren, hat durch seine Form, Farbe und Oberflächenbeschaffenheit direkten Einfluss auf den Chi-Fluss. Selbst der scheinbar leere Raum zwischen zwei Gegenständen – also die Gegebenheit, ob Möbel oder Dekorationsobjekte eng nebeneinander stehen oder weit auseinander gerückt sind – hat Auswirkungen darauf. Auch wenn die Architektur ihres Hauses oder ihrer Wohnung den Energiefluss des Chi behindert oder Schneidendes Chi hervorruft, lassen sich Gegenmaßnahmen ergreifen. Genauso lässt sich unerwünschte Strahlenbelastung, die von elektrischen Geräten ausgeht, verhindern und stagnierendes Chi mittels Beleuchtung aktivieren.

DAS BAGUA IST KEIN DOGMA

Um den Chi-Fluss zu optimieren, ist es wichtig, dass Sie mit wachen Augen durch Ihre Wohnung gehen, und die für Sie geeignetste Ausrichtung zu finden. Hierbei gibt es keine dogmatischen und strikten Regeln der Auslegung. In den rund 4 000 Jahren seiner Entwicklung ist das System des Feng Shui so komplex geworden, dass es stets mehrere Möglichkeiten zur Kontrolle der Chi-Ströme gibt. Wenn Sie etwa Tapeten mit Blümchenmuster noch nie mochten, müssen Sie sich auch jetzt nicht dazu zwingen, um damit beispielsweise fehlende Metall-Energie auszugleichen. Diesen Effekt erreichen Sie ebenso mit Kreisen oder Quadraten als Muster einer Tapete beziehungsweise eines Wandbehangs, oder aber mit einem hellgrauen Anstrich. Es gibt also immer mehrere Möglichkeiten, einem Energiedefizit zu begegnen. Denn jede Handlung die dem persönlichen Geschmack nicht entspricht, schadet der Qualität des Feng Shui. Es gibt nur ein »Muss« im Feng Shui: Sie müssen sich mit Ihrer Gestaltungslösung wohl fühlen.

Wenn Sie das Bagua zur Analyse Ihres Wohnraums benutzen, sollten Sie also nicht versuchen, das Modell kompromisslos auf Ihre Situation zu übertragen. Sie können ohne weiteres im Karrierefeld ein

Kinderzimmer oder Ihr Schlafzimmer einrichten, und es ist auch nicht notwendig, dass Sie Ihr Geld im Wohlstands-Feld aufbewahren. Entscheidend ist vielmehr, dass in der jeweiligen Zone der Chi-Fluss nicht behindert wird. Der Raum sollte harmonisch eingerichtet und gepflegt sein sowie regelmäßig benutzt werden. Wenn Sie sich in einem Zimmer, gleich für welchen Zweck Sie es nutzen, wohl fühlen, dann dürfte es auch in dem ihm zugeordneten Lebensbereich keine Probleme geben.

Da es in der westlichen Welt noch immer nicht üblich ist, Bauwerke gleich bei der Errichtung nach Feng-Shui-Kriterien zu planen, werden Sie meist in den Innenräumen zu ausgleichenden Maßnahmen greifen müssen. Untersuchen Sie zuerst die Verteilung von Yin und Yang in Ihren Zimmern und legen Sie fest, welche Bereiche für mehr Aktivität genutzt werden und wo passivere Tätigkeiten wie Schlafen, Entspannen oder Meditieren stattfinden sollen. Wenn Sie also ein Zimmer, das mehr Yin ist, als Büro nutzen wollen, statten sie es mit Objekten aus, die Yang-Energie repräsentieren: Schon eine Pflanze mit spitzen Blättern, wie sie bei manchen Palmenarten vorkommen, fördert in einer stark von Yin bestimmten Umgebung die Energie des Südens und des Feuers. Andererseits können Sie auch aus einem nach Süden ausgerichteten Yang-Zimmer mit weißem Anstrich und cremefarbenen, niedrigen Möbeln ein Schlafzimmer machen, das ausreichend Ruhe ausstrahlt.

JEDER VORHANDENE RAUM SOLLTE GENUTZT WERDEN

Sollte es in Ihrem Haus einen Raum geben, den Sie nur selten oder gar nicht benutzen, werden Sie möglicherweise feststellen, dass die hier zugeordnete Bagua-Zone einen Lebensbereich repräsentiert, in dem Sie sich schwer tun. Es ist in diesem Falle ratsam, Überlegungen in zwei Richtungen anzustellen: Warum halten sich meine Familie und ich so selten dort auf? Stimmt dort etwas nicht? Der Blick auf das Bagua-Diagramm kann Ihnen dann einen Fingerzeig geben, welche Potenziale Ihrer Persönlichkeit seit langer Zeit brachliegen.

FEHLBEREICHE IM BAGUA-DIAGRAMM

Das Bagua kann jedoch noch weiteres offenbaren: Legen Sie das Diagramm auf den maßstabsgerechten Grundriss, um festzustellen, ob Fehlbereiche vorliegen. Ein Fehlbereich entsteht beispielsweise dann, wenn ein Grundriss kein vollständiges Rechteck bildet. Häufig sind Häuser in einer L-Form gebaut, die als unvollkommen gilt und damit von vornherein ein schlechtes Feng Shui hat. Dort, wo der Grundriss nicht vom Bagua-Raster umschlossen ist, haben Sie es mit einem Fehlbereich zu tun. Das bedeutet, dass einige der im Bagua repräsentierten Lebensbereiche in Ihrer Wohnung nicht vorkommen. Um das zu ändern, müssen Sie aber nicht zu aufwändigen Baumaßnahmen greifen. Es gibt einige Hilfsmittel, mit denen Sie diese Mängel vollkommen ausgleichen können.

Fehlbereiche
Wenn Bagua-Lebensbereiche in Ihrer Wohnung fehlen, steht Ihnen als Folge nicht die gesamte Energie dieser Zone zur Verfügung, und es wird in dem jeweilig betroffenen Lebensbereich zu Unzufriedenheit und Schwierigkeiten kommen.

Liegt ein Fehlbereich noch auf Ihrem Grundstück, so können Sie in dem Bereich – also dort, wo sich die gedachten Linien des Bagua-Diagramms treffen – mit einem hoch aufragenden Element den fehlenden Bereich ergänzen. Dies kann eine Skulptur sein, eine Lampe, ein hoch wachsender Strauch oder ein Baum. Gehört Ihnen das umgebende Grundstück nicht oder leben Sie in einer Etagenwohnung, dann können sie den fehlenden Raum mit einem Spiegel »öffnen«. Außerdem hat jeder Raum wiederum sein eigenes Bagua-Schema und die zugehörigen Eigenschaften. Hier können Sie mit symbolischem Feng Shui die Fehlbereiche ausgleichen. Sollten Sie beispielsweise feststellen, dass der Fehlbereich in der Zone »Familie« liegt, so können Sie deren Eigenschaften mit Gegenständen aktivieren, die in Ihrer Familie eine besondere Rolle spielen. Dies können auch Fotos Ihrer Eltern oder Geschwister sein. Die einfachste Möglichkeit, Fehlbereiche auszugleichen, ist ein die fehlende Energie ausgleichender Farbanstrich an der Wand. Nutzen Sie hierzu die den Acht Himmelsrichtungen zugeordneten Farben.

UNREGELMÄSSIGKEITEN KÖNNEN HILFREICH SEIN

Als Fehlbereich gilt eine vom Grundriss nicht umschlossene Fläche, wenn davon innerhalb des Bagua-Diagramms mehr als die Hälfte fehlt. Nicht immer sind Unregelmäßigkeiten des Grundrisses allerdings mit ungünstigem Feng Shui verbunden. Ragt ein Teil des Hauses mit weniger als der Hälfte über das Rechteck des Bagua hinaus, handelt es sich um eine Hilfreiche Erweiterung,. Das heißt: In dieser Zone verfügen Sie über entsprechend mehr Energie. Solche Fehlbereiche und Erweiterungen finden sich recht häufig: Etwa, wenn ein

Balkon oder ein Erker aus der Fassade herausragt, der Grundriss L-förmig oder U-förmig ist oder eine Garage angebaut wurde.

ARCHITEKTUR BEDINGTE STÖRFAKTOREN IM HAUS

Nicht nur durch Unregelmäßigkeiten des Grundrisses, sondern auch durch architektonische Eigenheiten, die sich in vielen Wohn- und Arbeitsräumen finden, kann der Fluss des Chi beeinträchtigt werden und dann ungünstige Energien ausstrahlen.

Wände und Decken aus Stahlbeton: Die derzeitige Architektur kommt ohne Stahlbeton zumindest bei größeren Bauwerken nicht mehr aus. Das in der Tat sehr praktische Baumaterial hat unter dem Gesichtspunkt des Energieflusses allerdings einen entscheidenden Nachteil: Die in den Beton eingebetteten Stahldrähte erzeugen in einem Raum, den sie umschließen, einen so genannten Faradaykäfig. Als Blitzschutz, etwa im Auto, ist diese Wirkung eines von Metall umschlossenen Raums wünschenswert. Doch wo nicht einmal die gewaltige Energie eines Blitzes etwas ausrichten kann, haben auch die feinen Strömungen der kosmischen Strahlung keine Chancen. Ein Appartement in einem modernen Hochhaus wird deshalb ausschließlich durch die Eingangstür und die Fenster mit neuem Chi versorgt. Um die Energien in Fluss zu halten, was für die Wirksamkeit des Chi unerlässlich ist, müssen solche Wohnungen mindestens einmal täglich gründlich gelüftet werden.

Stützpfeiler: Stehen tragende Säulen mitten im Raum, so haben sie ungünstige Wirkung auf das Feng Shui, denn mit ihrer aufstrebenden Form sind sie ohnehin bereits stark vom Yang geprägt. Die Tatsache, dass sie große Lasten tragen müssen, verstärkt diesen Aspekt zusätzlich. Wenn Sie neben einem solchen Pfeiler arbeiten wollen oder müssen, kann es sein, dass Sie bald Nervosität und Konzentrationsschwäche an sich beobachten. Auch neben einem Schlafplatz ist ein Stützpfeiler völlig ungeeignet. Da er sich aber aus statischen Gründen meist nicht vermeiden lässt, helfen Pflanzen, die sich um ihn ranken oder ein runder Spiegel, in dem ein Yin-betonter Teil des Raumes zu sehen ist. Sollten Sie Bauherr eines Neubaus sein, nutzen Sie die Gelegenheit unumgängliche Pfeiler wenigstens rund ausführen zu lassen, denn damit findet das Chi leichter seinen Weg um die Säule herum.

Deckenbalken: Das Fachwerk alter Häuser wieder sichtbar zu machen gilt heute in europäischen Altstädten als Zeichen besonderer Wohnqualität. Dem Reiz der Fachwerkfassaden nach außen stehen

Stoffe können als Raumteiler dienen und auch Deckenbalken verhüllen. Durch Letzteres können Sie einerseits schneidendes Chi verhindern, andererseits mit bewusst ausgewählten Mustern und Farben erwünschte Elemente verstärken und unerwünschte abschwächen.

die Risiken frei liegender Balken im Inneren des Hauses gegenüber. Das Problem wird verstärkt durch eine niedrige Raumhöhe, wie sie in den meisten sehr alten Häusern vorzufinden ist. Von Balken an der Decke gehen zudem Geheime Pfeile aus, die das Wohlbefinden der Bewohner stark beeinträchtigen können. Eine erste Abhilfe verspricht eine den Balken längs folgende Anordnung der Möbel: Bett oder Schreibtisch sollten also nicht quer unter Deckenbalken stehen. Besser ist noch, die Decke und die Balken mit einer Stoffbahn zu verhüllen. Sollten die Balken sich in Ihrem Schlafzimmer befinden, so können Sie beispielsweise Ihren Schlafplatz in ein Himmelbett verwandeln und haben nicht nur eine angenehme Atmosphäre geschaffen, sondern sind so auch gegen das Schneidende Chi der Deckenbalken geschützt.

Dachschrägen: Mit der zunehmenden Nutzung von unmittelbar unter dem Dach gelegenen Räumen als Wohnfläche, betrifft das Leben unter schrägen Wänden immer mehr Menschen. Durch die Dachschrägen entstehen nach Feng-Shui-Kriterien Bereiche, in denen es zu Stauungen des Chi kommt. Zusätzlich zur geringen Raumhöhe, die den Bewohner zur geduckten Haltung zwingt, lässt dies das Gefühl von Bedrücktheit aufkommen. Rücken Sie deshalb Schreibtisch,

Essplatz, Bett oder andere Möbel aus der Schräge heraus. Falls nur eine Wand schräg ist, stellen Sie alles, was Ihnen für das tägliche Leben und den Schlaf wichtig ist, an die der Schräge gegenüberliegende Seite. Die Bereiche unter den Schrägen sind ideal, um in entsprechend flachen Schränken Stauraum zu schaffen.

Kellerräume und Dachböden: Es ist möglich, dass Sie in Ihren Wohnräumen ein optimales Feng Shui hergestellt haben, und Sie sich trotzdem nicht wohl fühlen. Vielleicht haben Sie sich von all den unnötigen Dingen, die den Chi-Fluss behinderten, nicht vollständig getrennt und lagern sie jetzt im Keller. Dort unten, wo durch das ständige Dämmerlicht und die auf den Grundmauern ruhende Last des ganzen Hauses, ohnehin schon problematische Energieverhältnisse herrschen, sollte das Chi nicht noch durch Sperrmüll weiter gebremst werden. Auch die weit verbreitete Angewohnheit, defekte oder ungenutzte Geräte erst einmal im Keller oder auf dem Dachboden zu lagern, hat eine ungünstige Wirkung. Nicht funktionstüchtige und unnütze Dinge deuten auf einen ungelösten Konflikt hin, der im menschlichen Unterbewusstsein schwelt und auf Dauer zu Störungen führen kann. Deshalb sollten Keller und Dachböden zu keinen Rumpelkammern verkommen, sie sind Teil des häuslichen Lebens und ihnen sollte ebenfalls eine gewisse Sauberkeit und Ordnung zukommen.

AUSWIRKUNGEN DER MÖBEL AUF DAS CHI

Die Einrichtung aller Räume sollte grundsätzlich so beschaffen sein, dass es zu keiner Behinderung des Chi-Stroms kommt. Problematisch sind in diesem Zusammenhang Möbel mit scharfen Kanten, die Schneidendes Chi hervorrufen sowie sehr wuchtige Möbelstücke oder sehr dicke Teppiche und Vorhänge, die das Chi verlangsamen. Wollen Sie auf die Gemütlichkeit, die schwere Textilien verbreiten, nicht verzichten, so sollten Sie dafür ein Zimmer finden, dass von seiner Ausrichtung her über einen höheren Anteil an Yang-Eigenschaften verfügt und darin einige kräftige Akzente setzen.

Um das Chi in Bewegung zu halten, empfehlen sich auch glatte Oberflächen bei Schränken, die üblicherweise viel Fläche beanspruchen. Durch Eckschränke vermeiden Sie, dass sich Energie in den Ecken fängt und sich dort möglicherweise staut. Schmale und hoch aufragende Schränke intensivieren die lebendige Holz-Energie, dagegen stärken flache Kommoden die ruhigere Erde-Energie. Sitzmöbel wie schwere, großzügig gepolsterte und mit weichen Stoffen bezogene

Mobiliar mit abgerundeten Ecken
Förderlich für ein gutes Feng Shui sind Einrichtungsgegenstände mit abgerundeten Formen, um die das Chi sanft herumgleiten kann.

Sessel besitzen ausgeprägte Yin-Eigenschaften, Stühle aus Metall verfügen dagegen über starke Yang-Eigenschaften. Mit einer sorgfältig durchdachten Auswahl von Stühlen, Sesseln und Sofas können Sie eine anregende Mischung verschiedener Energien erreichen.

Gleiches gilt für Tische und Beistelltische. Eine allzu behäbig wirkende Yin-Atmosphäre kann etwa durch einen Glastisch lebendiger gemacht werden. Achten Sie aber darauf, dass Ihre Möbel möglichst wenig scharfe Kanten haben. Diese sind Ursache für Schneidendes Chi, dass durch die Verwirbelung von Energie ein ungünstiges Feng Shui erzeugt.

BELEUCHTUNG

Die einfachste Möglichkeit, stagnierendem Chi neue Impulse zu geben, ist Licht. Denn Licht ist reine Energie. Helligkeit ist mehr Yang, Dunkelheit mehr Yin. Am Abend wenn das natürliche Licht verschwindet, können Sie den Energiestrom mit bewusst gesetzter Beleuchtung steuern. Zunächst aber sollten Sie sich überlegen, wo Sie Licht brauchen. Die Grundbeleuchtung sollte den Raum einigerma-

Lampen und Kerzen geben stagnierendem Chi neue Impulse.

ßen gleichmäßig mit Licht versorgen. Wenn Sie trotzdem noch dunkle Ecken aufspüren, setzen Sie an diesen Stellen ebenso wie dort, wo Sie einer Aktivität nachgehen, weitere Lichtquellen ein.

Die Auswahl an Lampen ist nahezu unerschöpflich. Mit dem Material des Lampenschirms nehmen Sie Einfluss auf das Verhältnis von Yin und Yang, beispielsweise abhängig davon, ob Sie sich für einen Schirm aus Stoff oder Metall entscheiden. Durch indirekte Beleuchtung, also die Reflexion einer Lichtquelle an eine Wand oder an die Decke, entsteht ein sanftes Licht, das mehr Yin ist. Mit einem auf dem Fußboden stehenden Deckenfluter können Sie dabei die Aufwärtsbewegung des Chi unterstützen. Damit lässt sich etwa die lastende Wirkung niedriger oder abgeschrägter Decken mildern. Obwohl von künstlichen Lichtquellen elektromagnetische Strahlung ausgeht, die sich störend auf das natürliche Chi auswirken kann, sind Kerzen keine wirkliche Alternative zu elektrischem Licht. Das Licht von Kerzen oder

Öllampen ist allerdings eine stimmungsvolle Ergänzung, mit dem Sie Feuer-Energie hinzufügen können, wo es Ihnen notwendig erscheint.

Die gebräuchlichsten Lichtquellen

Glühbirnen sind die klassische Form des elektrischen Lichts. Angeboten werden sie mit Klarglas, das ein sehr hartes Licht ausstrahlt, oder mattiertem Glas, das wesentlich angenehmer ist. Von Glühbirnen strahlt ein eher rötliches Licht aus, weshalb es beruhigend wirkt, denn es erinnert an die Morgen- und Abendstimmung. Es gibt Glühbirnen aber auch in verschiedenen Farben, so dass Sie die Beleuchtung unterstützend in die Farbkomposition Ihrer Räume einbeziehen können. Eine Variante der Glühbirne ist der Spot, dessen Licht in einem schmalen Kegel austritt. Sie können damit einzelne Möbelstücke, etwa ein Bild, optisch hervorheben, oder einem Bereich mit stagnierendem Chi einen neuen Energieimpuls geben.

Halogenleuchten geben ein sehr intensives, strahlendes Licht mit engem Austrittswinkel ab. Daher sind sie besonders geeignet, um Details hervorzuheben und das Chi an ganz bestimmten Stellen zu beschleunigen.

Leuchtstoffröhren werden häufig am Arbeitsplatz eingesetzt, da ihr Licht bläulich schimmert und damit anregend wirkt. Zu ihren Vorzügen zählt die gleichmäßige Helligkeit und ihre Wirtschaftlichkeit. Leider ist nichts enervierender, als unter einer flimmernden Leuchtstoffröhre arbeiten zu müssen. Da sie allerdings auch wesentlich mehr elektromagnetische Strahlung abgeben als beispielsweise Glühbirnen, sollten Sie sie zu Hause meiden.

Energiesparlampen funktionieren nach einem ähnlichen Prinzip wie Leuchtstoffröhren, deshalb haben sie im Hinblick auf das Feng Shui die gleichen Nachteile. Für diese Lampen spricht jedoch der erheblich geringere Stromverbrauch und die höhere Lebensdauer.

ELEKTROGERÄTE

Belastungen durch elektromagnetische Strahlungen waren im alten China unbekannt. Doch in unserer modernen Welt muss man sich auch mit diesen Störfaktoren befassen, da sie das natürliche Chi ungünstig beeinflussen. Durch Überlandleitungen und die Vielzahl elektrischer Geräte, die in jedem Haushalt anzutreffen sind, sind elektrische Energiefelder fast so allgegenwärtig wie die natürliche Strahlung des Chi. Ein Schlagwort der letzten Jahrzehnte ist »Elektrosmog«, mit dem man den umweltschädlichen, vergiftenden Charakter dieser Strahlung zu beschreiben versucht. Zwar ist es noch nicht gelungen, wissenschaftlich wirklich tragfähige Daten über die negative Wirkung elektromagnetischer Strahlung auf den menschlichen Körper zu erheben: Doch da das Chi, das die Grundlage des Feng Shui bildet, eine kosmische Energiestrahlung ist, kann als sicher angesehen werden, dass beide Strahlungsarten zumindest miteinander konkurrieren.

Gehen Sie einmal durch Ihre Wohnung und prüfen Sie, welche der vielen elektrischen Geräte, die Sie besitzen, Sie tatsächlich benötigen. Lassen sich Brotscheiben nicht auch mit der Hand schneiden? Brauchen Sie zum Kochen des Frühstückseis wirklich einen speziellen Eierkocher? Achten Sie auch darauf, Geräte mit einer Standby-Schaltung, wie das Fernsehgerät oder die Stereoanlage, immer ganz auszuschalten, wenn Sie sie nicht benutzen. Abgesehen von der Stromersparnis vermeiden Sie damit eine überflüssige Strahlenbelastung und Störung des Chi-Flusses. Es ist sogar ratsam, den Stecker ganz herauszuziehen, denn manche Teile der Geräte produzieren bereits elektromagnetische Felder, wenn sie nur mit dem Netz verbunden sind.

TIPPS ZU ELEKTRISCHEN GERÄTEN IM HAUS

Mikrowellenherd: Diese technische Entwicklung hat in wenigen Jahren fast alle Küchen auf der Welt erobert. Nach den Regeln des Feng Shui ist sie allerdings abzulehnen. Denn die intensive Bestrahlung mit hochfrequenter Energie verändert das Chi der Nahrungsmittel. Besonders strenge Feng-Shui-Praktiker sind der Überzeugung, dass häufiger Genuss von Essen aus dem Mikrowellenherd zu ernsthaften Orientierungsstörungen führt.

Elektroherd: In geringerem Maße als der Mikrowellenherd hat auch der Elektroherd die Eigenschaft, nicht nur nach außen abzustrahlen, sondern auch die auf oder in ihm zubereiteten Nahrungsmittel energetisch zu verändern.

Kühlschrank: Auf den Kühlschrank zu verzichten, insbesondere in den Sommermonaten, ist in der heutigen Zeit praktisch unmöglich. Aber auch Kühlgeräte und Gefriertruhen oder -schränke geben elektromagnetische Strahlung ins Innere ab und beeinträchtigen damit die natürlichen Energiefelder der darin gelagerten Lebensmittel. Sollte es in Ihrem Haus einen trockenen, sehr kühlen Raum geben, dann nutzen Sie zukünftig am besten diesen als Lagerraum für Ihre Lebensmittel.

Fernsehgerät: Da Sie üblicherweise etwas Abstand zum Fernsehgerät halten, sind Sie recht gut geschützt, denn die Strahlung der Röhre nimmt mit zunehmender Entfernung stark ab.

Computer: Durch das Aufkommen der strahlungsarmen Flachbildschirme hat hier die Gefährdung durch den strahlungsintensiven Röhrenmonitor stark abgenommen. Den Rechner selbst stellen Sie, sofern es sich nicht um ein Laptop handelt, so weit weg vom Arbeitsplatz wie möglich.

Elektrische Heizgeräte: Von solchen Geräten ist schon allein wegen ihres enorm hohen Stromverbrauchs abzuraten. Bevor Sie einen Heizlüfter oder etwas Ähnliches einsetzen, sollten Sie versuchen, den Raum auf andere Weises zu erwärmen.

Mobiltelefon: Das Handy hat sich im privaten wie im beruflichen Alltag durchgesetzt. Nachteilig ist, dass Mobiltelefone eine dem Mikrowellenherd ähnliche Strahlung aussenden, die bei längeren Gesprächen sogar den an das Ohr grenzenden Gehirnbereich erwärmt. Deshalb sollte so oft wie möglich das herkömmliche Telefon im Festnetz benutzt werden.

HILFSMITTEL UND GLÜCK BRINGENDE SYMBOLE

Die Gestaltungsmöglichkeiten, die die Lehre des Feng Shui bietet, sind mit den in den vergangenen Kapiteln dargestellten Methoden jedoch noch nicht ganz ausgeschöpft. Auch kleine, gezielt eingesetzte Gegenstände lassen sich dazu verwenden, um den Chi-Fluss in Wohnräumen positiv zu beeinflussen. Es sind in der Regel Hilfsmittel, die Sie ohne großen Aufwand anwenden können und die im Handel leicht zu beschaffen sind. Mitunter machen diese Feng-Shui-Hilfsmittel sogar aufwändigere Bauarbeiten in den einzelnen Wohnräumen beziehungweise innerhalb des Hauses überflüssig, denn auch mit ihnen lassen sich effektive Wirkungen zum Besseren hin erzielen. Negative Faktoren wie zum Beispiel eine schlechte Wohnungs- oder Hauslage, eine problematische Beziehung zu den Nachbarn, mehrere Fehlbereiche nach dem Bagua-Diagramm oder Möbel, die dem Geschmack der Bewohner zwar entsprechen, aber das Feng Shui verschlechtern, können mit ihnen teilweise oder ganz ausgeglichen werden.

GLÜCKSBRINGER

Zu Glücksbringern, auch zu gekauften, sollten Sie einen persönlichen Bezug haben. Denn besonders wirksam sind nur solche Gegenstände, die Sie selbst mit Ihrer positiven Energie aufgeladen haben. Dies kann ein Kinderfoto sein, das die Energien der Bagua-Zone »Kinder« aktivieren kann. Damit fördern Sie Ihren leiblichen Nachwuchs sowie Ihre eigene Kreativität und Inspiration. Ein gutes Zeugnis in einer schmückenden Schatulle untergebracht, kann in der dem »Ruhm« oder der »Karriere« zugeordneten Zone Gutes bewirken. Aktivieren Sie aber nie alle Bagua-Bereiche gleichzeitig, da dies zu einer Zerstreuung und Auszehrung der Energien führt. Entscheiden Sie sich für die Themen, die in Ihrer jeweiligen Lebensphase gerade von besonderer Bedeutung sind.

Wie auch bei allen anderen in diesem Buch vorgestellten Maßnahmen sind Sie auch bei den Hilfsmitteln und Glückssymbolen nicht gezwungen, sie einzusetzen. Manches mag einem westlichen Feng-Shui-Anwender, der sich für das Wesen dieses Systems begeistert vielleicht zu fremdartig, zu exotisch oder zu esoterisch erscheinen. Andere lieben möglicherweise Klarheit und Strenge bei ihrer Einrichtung, die aber von Objekten wie Windspielen, Kristallen oder

Löwen-Figuren gestört wird. Und dort, wo Sie selbst die Harmonie als gestört empfinden, wird auch kein optimales Feng Shui entstehen, auch wenn objektiv die Kriterien dafür erfüllt sein sollten.

SPIEGEL

Im Alltag sind Spiegel meist nur nützliche Einrichtungsgegenstände, die beim Ankleiden oder dem prüfenden Blick auf die Kleidung beim Verlassen des Hauses dienlich sind. Doch sowohl in den Mythen des Abendlandes als auch in den Philosophien des Fernen Ostens haben Spiegel eine große, meist mit einem Zauber verbundene Bedeutung. Im Feng Shui dienen sie mit ihrer sehr glatten Oberfläche dazu, Energieströme zu beschleunigen und durch ihre Reflexion auch umzulenken, wodurch sich Geheime Pfeile unschädlich machen lassen. Während sich mit konkaven Spiegeln die schädliche Energie gebündelt über das Dach des »angreifenden« Hauses leiten lässt, sorgen konvexe Spiegel für die Energiezerstreuung. So können statt eines Spiegels über der Tür auch runde, polierte Türgriffe oder stark glänzende, runde Blumentöpfe diese Funktion erfüllen.
Spiegel sind das vermutlich machtvollste Instrument zur Chi-Kontrolle überhaupt und müssen deshalb sehr überlegt eingesetzt werden.

Reflexion beachten
Sollte der Spiegel einen Teil des Raumes, der schlechtes Feng Shui hat, reflektieren, werden diese ungünstigen Energien in den neuen, virtuellen Raum mitgenommen.

Spiegel haben zwei wichtige Eigenschaften: Einerseits ziehen Sie Energien an, andererseits strahlen sie sie durch die Reflexion wieder ab. Für den Spiegel hat es dabei keine Bedeutung, ob die Energien ungünstig oder günstig sind. Das heißt: Zeigt er einen Teil seiner Umgebung, der mit schlechtem Chi belastet ist, wird er das schlechte Chi auch zurückstrahlen und verstärken. Spiegelt sich Gutes, werden die guten Energien intensiviert.

Dies kann äußerst hilfreich sein. In der Feng-Shui-Tradition werden die Spiegeleigenschaften dazu eingesetzt, virtuelle Räume zu erzeugen. Mit Hilfe eines Spiegels können Sie zum Beispiel Fehlbereiche, die Sie mit dem Bagua-Diagramm ausgemacht haben, ausgleichen. Säulen in der Mitte des Raums verschwinden aus energetischer Sicht, wenn Sie mit einem großen Spiegel verkleidet sind. Sie sollten Spiegel aber niemals so anordnen, dass sich eine Tür darin spiegelt: Die Energie würde reflektiert werden und wieder nach draußen fließen. Ähnliches gilt für Spiegel in einem Schlafzimmer, die auf das Bett gerichtet sind. Schläft dort beispielsweise ein Ehepaar, kann ein Spiegel

bestehende Konflikte widerspiegeln und damit verstärken. Oft reicht es schon, den Neigungswinkel des Spiegels zu ändern.
Auch ungünstigen Raumzuschnitten kann mit der Hilfe von Spiegeln zu einem besseren Feng Shui verholfen werden. Spiegel können auch sehr kleine Räume vergrößern und optimieren den Chi-Fluss in einem L-förmigen Raum: Ein großer Spiegel im abgewinkelten Teil des Zimmers erweckt den Eindruck, dahinter gehe es noch weiter. Auch der schnelle Chi-Fluss eines sehr langen Korridors kann mit Spiegeln beruhigt werden. Bringen Sie die Spiegel dazu wechselweise versetzt an den Wänden an. Wo das Chi auf der langen Geraden bisher beschleunigt wurde, schwingt es jetzt harmonisch von Spiegel zu Spiegel und erfasst so auch die angrenzenden Räume. Die Spiegel dürfen allerdings nicht direkt gegenüber hängen. In diesem Fall würde die Energie nur noch wie ein Tischtennisball zwischen beiden Spiegeln hin und her hüpfen, aber sich nicht mehr weiter bewegen.

Abwehr schlechter Einflüsse mit gewölbten Spiegeln

Spiegel mit flacher Oberfläche sind der Regelfall, doch gibt es auch konkave und konvexe Spiegel. Konvexe Spiegelflächen sind nach au-

ßen gewölbt, so dass die auftreffende Strahlung zerstreut zurückgeworfen wird. Der Einsatz eines konvexen Spiegels muss deshalb mit noch größerer Umsicht erfolgen als der eines flachen Spiegels. Im Innenraum erzeugen Sie damit leicht ein Schneidendes Chi, dass Ihre übrigen Bemühungen um einen harmonischen Energiefluss zunichte macht. An Außenwänden wirkt der konvexe Spiegel aggressiv in die Nachbarschaft hinein und wehrt positives Chi ab.
Weniger unberechenbar sind konkave Spiegel, die das Chi sammeln und absorbieren. Nach althergebrachter Feng-Shui-Tradition ist es aber erforderlich, diese Spiegel häufiger zu reinigen, um ihre Wirksamkeit zu erhalten. Diese Reinigung kann mit Räucherstäbchen, aber auch mit in Wasser gelöstem Meersalz vorgenommen werden.

Bagua-Spiegel

Durch das wachsende Interesse an Feng Shui sind chinesische Bagua-Spiegel heute auch in Europa erhältlich, meist in Asia-Geschäften. Es handelt sich dabei um runde Spiegel, die von einem sehr breiten, mit den acht Trigrammen des Bagua beschrifteten achteckigen Rahmen umgeben sind. Es gibt sie in verschiedenen Ausführungen mit flachen, konvexen und konkaven Spiegelflächen. Ob deren ostasiatische Anmutung mit dem Stil Ihrer Einrichtung harmoniert, können nur Sie selbst entscheiden. Doch nach der Feng-Shui-Tradition ist es ohnehin nicht ratsam, einen solchen Spiegel im Inneren eines Hauses aufzuhängen. Die Energie, die von der achteckigen Grundform und den Trigrammen ausgeht, ist so stark, dass sie besser für die Harmonisierung der Außenbereiche geeignet ist.

WASSER

Wie Sie bereits wissen, ist Wasser eine der Grundlagen des Feng Shui: »Shui« bedeutet Wasser, und in seiner Fähigkeit, überall hinfließen zu können und jede Form anzunehmen, ähnelt es dem kosmischen Chi. Seine Leben spendende Kraft in Flüssen, Bächen und Seen muss nicht nur auf den Außenbereich beschränkt bleiben, es gibt auch einige Möglichkeiten, sich Wasser und seine positiven, mit Reichtum in Verbindung stehenden Energien ins Haus zu holen.

Zimmerspringbrunnen

Mit seinem munteren Plätschern wirkt er nicht nur entspannend und belebt im Feng Shui mit fließendem Wasser das Chi. Für den Einsatz eines Zimmerspringbrunnens spricht auch sein günstiger Einfluss auf

Die lebendige und mit Wohlstand verbundene Energie des Wassers können Sie sich mit Bildern ins Haus holen, wenn Ihnen die Pflege eines Aquariums mit Fischen zu aufwändig ist.

die Luftfeuchtigkeit des Raumes, die die Atemwegsschleimhäute vor Austrocknung schützt. Die günstigsten Standorte sind die Bagua-Bereiche Reichtum, Karriere und Gesundheit. Denken Sie daran, das Wasser darin etwa zweimal wöchentlich zu wechseln, denn schmutziges Wasser verursacht auch eine Verunreinigung des Chi.

Wasserfall

Besonders gut entfalten sich die vor allem mit dem Anhäufen von Geld in Verbindung gebrachten Energien, wenn das Wasser über ein Gefälle stürzt. Es ist aber für die Wirkung nicht notwendig, dass Sie Ihr Haus an einem gewaltigen Wasserfall errichten, denn die Proportionen zwischen Wasserfall und Gebäude dürfen nicht übertrieben werden. Daher sollte die Kaskade eher klein als zu groß geraten. Sofern Sie ein entsprechendes Grundstück haben, können Sie dort einen kleinen Wasserfall künstlich errichten. Nach der chinesischen Tradition wird die für die Finanzen hilfreiche Wirkung eines Wasserfalls noch unterstützt, wenn sich einige goldfarbene Steine auf seinem Weg befinden. Allerdings dürfen die Felsen nicht allzu schroff sein, damit nicht unbeabsichtigt auf Ihr Haus gerichtete Geheime Pfeile erzeugt werden. Achten Sie auch darauf, dass das Wasser nicht von Ihrem Haus wegfließt, denn dies würde auch den unkontrollierten Abfluss von Geld bedeuten. Als wenig sinnvoll erweist sich ein Wasserfall auch, wenn Ihr Haupteingang nicht nach Norden, Osten oder Südosten ausgerichtet ist.

Ein Wasserfall ist ideal
Ein besonderer Glücksfall ist es, wenn Wasser direkt auf das Haus zufließt. Ideal dafür ist ein Wasserfall.

Haben Sie keinen Garten, durch den Sie ein fließendes Gewässer leiten können, ist es trotzdem möglich, sich die positiven Eigenschaften eines Wasserfalls in die Wohnung zu holen. Es reicht, wenn er nur symbolisch dargestellt wird. So genügt das Bild eines Wasserfalls, das Sie in dem entsprechend ausgerichteten Bereich ihrer Wohnung aufhängen. Die Größe hängt auch hier von den Proportionen der Wohnung und von der Raumnutzung ab: Eine Wand füllende Fototapete mit einem Wasserfallbild sorgt in einem Schlafzimmer eher für unruhigen Schlaf als für erhofften Wohlstand.

Aquarien

Es dürfte wohl kaum ein chinesisches Restaurant geben, das nicht mindestens über ein Aquarium verfügt. Aquarien verbinden die materiellen Wohlstand versprechenden Eigenschaften von Fauna und Flora, zudem erhöhen sie die Chi-Aktivität. Ein Aquarium ist jedoch

Glasfische
Wenn Sie die Verantwortung für lebende Tiere nicht übernehmen wollen, aber den Anblick bunter Fische schätzen, können Sie farbige Glasfische in Vasen oder Glasgefäße setzen. Sie erzeugen im Feng Shui die gleiche Wirkung.

kein ganz einfaches Hilfsmittel, es ist vielmehr ein komplexer Lebensraum. Lassen Sie sich daher im Fachhandel über die Anforderungen der verschiedenen Fischarten bezüglich Pflege und Ernährung beraten. Wichtig sind auch Art und Umfang des Planzenbesatzes: Sie sind für die Sauerstoffproduktion im Wasserbecken zuständig, können Abfallstoffe aus dem Wasser filtern und bieten den Fischen Möglichkeiten sich zu verstecken.

PFLANZEN

Menschen, die eine besonders glückliche Hand bei der Anzucht und Pflege von Pflanzen haben, nennen dafür meist als Grund ihre Liebe zu den Pflanzen. Im Feng Shui wird dies bestätigt, denn eine Pflanze ist nicht nur Dekorationselement, sondern eine eigene Chi-Quelle. Um den Chi-Strom anzuregen, spielen Pflanzen eine wichtige Rolle, denn sie gelten als lebendige Wesen.

Günstiges Chi durch runde Blätter

Die Erscheinungsformen von Pflanzen lassen sich nach den Fünf Elementen und den Acht Himmelsrichtungen kategorisieren. Für ein günstiges Feng Shui sind Zimmerpflanzen mit runden Blättern zu empfehlen. Sie kommen bei einigen Arten des Gummibaums sowie bei Geldbaum, Philodendron, Chrysanthemen oder bei vielen Wasserpflanzen vor. Sie sind durch ihre Blattform dem Metall-Element zugeordnet, womit auch finanzielles Wachstum verbunden wird. Die in westlichen Haushalten beliebten spitzblättrigen Palmenarten wie die Yuccapalme oder auch der Drachenbaum sind aus Sicht des Feng Shui eher negativ einzuordnen. Ihre zahlreichen Blattspitzen richten sich gegen den Menschen und verursachen Schneidendes Chi.

Andererseits enthalten Pflanzen mit spitz zulaufenden Blättern starke Yang-Energie. Mit ihrem hohen Wuchs sind sie Träger von Holz-Energie und ihre Blattform steht für die Feuer-Energie. Wenn Sie diese Eigenschaften in Yin-dominierten Bereichen Ihrer Wohnung fördern wollen, sind Pflanzen mit spitzen Blättern eine gute Lösung. Sie sollten aber darauf achten, Yuccapalme oder Drachenbaum nicht in der Nähe einer Sitzgruppe oder anderer Bereiche des Wohnraums aufzustellen, in denen sich Menschen für längere Zeit aufhalten.

An Möbelecken platziert, können Zimmerpflanzen Geheime Pfeile ablenken. Grünpflanzen stehen im Übrigen für Wachstum und Vitalität.

Um das jeweilige Chi in den Acht Himmelsrichtungen anzuregen, sollten Sie den Himmelsrichtungen folgende Farben zuordnen: Blüten in gebrochenem Weiß oder Cremefarbe im Norden; strahlend weiße Blüten im Nordosten; hoch wachsende Grünpflanzen im Osten; langstielige, in Blau blühende Blumen im Südosten; sternförmige, rote oder purpurfarbene Blüten im Süden; gelbe Blumen im Südwesten; rote Blumen im Westen und weiße Blumen mit möglichst kreisrunden oder kugelförmigen Blüten im Nordwesten.

Wenn Sie für einen Bereich jedoch mehr Wasser-Energie wünschen, dann stellen Sie einen rankenden Efeu auf. Er ist anspruchslos, verträgt Schatten und bringt die Leben spendende Kraft des Wasser-Elements auch an eher dunkle Stellen. Pflanzen mit niedrigem Wuchs wie Begonien, unterstützen dagegen die Energie des Erde-Elements.

Da Pflanzen lebendiges Holz-Element sind, spielen sie für das Chi eine ganz besondere Rolle. Der Energiefluss lässt sich durch die Zusammenstellung der Pflanzen in einem Raum steuern. Hoch wachsende Pflanzen weisen mehr Yang-Charakter auf, niedrig wachsende mehr Yin. Rote Blüten repräsentieren das Feuer-Element, weiße oder gelbe das Erde-Element. Blätter mit runden Formen stehen für das Metall-Element und seinen positiven Einfluss auf die Mehrung von

Vermögen; spitzblättrige Gewächse enthalten die Energie des Feuer-Elements, verursachen allerdings auch Geheime Pfeile.

Kakteen

Die bei vielen Menschen beliebten Kakteen sind wegen ihres stacheligen Äußeren aus Sicht eines guten Feng Shui sehr problematisch. Wenn Ihnen diese Pflanzen Vergnügen bereiten, müssen Sie sie dennoch nicht völlig entfernen. Ein Ort für Kakteen und ihre vielen Geheimen Pfeile könnte dort sein, wo sich die Bewohner des Hauses nicht lange aufhalten, also eine Unterstützung durch gutes Feng Shui weniger notwendig ist.

Blumen am Fenster gegen Chi-Abfluss

Mit Blumenkästen, die im Fenster aufgestellt sind, können Sie einen allzu schnellen Chi-Abfluss verhindern. Es lohnt sich dafür, die in Wuchsform, Blattform und Blütenfarbe zur jeweiligen Himmelsrichtung passenden Pflanzen auszuwählen; außerdem können Sie energetische Mängel mit einer Blumendekoration im Fenster ausgleichen. Dafür eignen sich Schnittblumen, Trockensträuße und Topfpflanzen ebenso wie Seidenblumen. Bonsaibäumchen besitzen diese positiven Eigenschaften übrigens nicht, weil ihre künstlich herbeigeführte Wachstumsstörung auch das Fehlen von wachstumsfördernden Energien verursachen kann.

Präsentation
Wichtig ist die Präsentation der Pflanzen: Schnittblumen in einer gläsernen Vase verbinden ihre Eigenschaften mit dem der Erde zugeordneten Charakter des Glases, ebenso wie Topfpflanzen in einer Terrakottaschale Erde-Merkmale annehmen.

Pflanzenpflege

Von großer Bedeutung ist auch hier wieder die Pflege der Pflanzen. Sowohl bei Schnittblumen als auch bei Topfpflanzen sollten Sie stets drauf achten, verwelkte oder abgestorbene Blumen und Pflanzenteile rasch zu entfernen, um die positiven Merkmale der ausgestrahlten Energie nicht zu beeinträchtigen. Um die Pflanzen optimal versorgen zu können, ist es zudem unerlässlich, dass Sie sich mit deren Ansprüchen an Erde, Licht und Bewässerung vertraut machen, um lange Zeit Freude an ihrem Gedeihen zu haben.

Seiden- und Papierblumen

Obwohl die Gestaltungsmöglichkeiten mit Pflanzen nahezu unerschöpflich, in fast allen Räumen realisierbar und meist auch preiswert sind, gibt es auch hier die Möglichkeit des symbolischen Einsatzes von Pflanzen: Blumen aus Seide oder Papier, wie sie im Fernen Osten traditionell hoch geschätzt werden. Damit können Sie Blumenschmuck auch an Stellen anbringen, die als Standort für lebende Pflanzen wenig geeignet sind. Papierblumen können Sie mit etwas Übung sogar in der alten Technik des Origami selbst falten.

WINDSPIELE

Klingende Windspiele werden auch von Menschen, die sich wenig mit Feng Shui beschäftigen, sofort damit assoziiert. Sie sind in der Tat weit verbreitet. Zum einen sind sie mit ihrer steten, leichten Bewegung angenehm zu betrachten, zum anderen schätzen die meisten Menschen den Klang der aus Bambus, Holz oder Metall hergestellten Klangkörper. Es gibt Windspiele von ganz winzig für eher kleinformatige Fensterflächen bis zu über einem Meter Röhrenlänge für sehr große Räume oder den Außenbereich. Grundsätzlich steigt die Wirkung mit der Größe, doch muss natürlich das Verhältnis zwischen der Größe des Raums und der Länge der Klangröhren gewahrt bleiben. Bedenken Sie stets auch, dass längere Röhren lauter und tiefer klingen als kleine. Als universelle Helfer im Feng Shui be-

Wind- und Klangspiele gibt es in allen Formen und Materialien. Je nach Geschmack und Wohnstil können sie zwischen den typisch asiatischen Windspielen aus Metall oder Holz oder den künstlerisch gestalteten Varianten aus Ton oder Porzellan wählen.

wegen und verteilen sie die Energie im Raum, lenken sie um und streuen sie in energetisch schwächere Bereiche oder trennen verschiedene Lebensbereiche voneinander, die in einem Zimmer aufeinander treffen. Wenn Sie beispielsweise in einem Ein-Zimmer-Appartement leben, ist ein Windspiel hilfreich, die verschiedenen Funktionsbereiche des Hauptraums voneinander zu trennen, etwa den Schlafplatz vom Wohnbereich. Dazu muss das Windspiel wie ein Raumteiler zwischen den beiden Bereichen aufgehängt werden. Mit einem Windspiel können Sie auch die Energie ins Haus lenken, wenn der Eingangstür eine quer stehende Wand oder eine Toilette direkt gegenüberliegt.

Die soghafte Wirkung eines sehr langen Korridors lässt sich ebenfalls mit einem Windspiel korrigieren: In der Mitte des Flures aufgehängt, verteilt es das hereinströmende Chi auf die benachbarten Räume. In Zimmern, in denen sich Tür und Fenster direkt gegenüberliegen und somit die Gefahr besteht, dass das Chi wirkungslos hindurchströmt, lenken in der Raummitte an der Decke angebrachte Windspiele den Energiestrom mäandernd hindurch, oder bremsen ihn vor dem Austritt ab, wenn sie im Fenster hängen. Eine gängige Regel besagt, dass 30 Zentimeter Klangröhre etwa einen Meter

Fensterfläche schützen. Damit haben Sie einen Wert für die erforderliche Größe des Windspiels zur Hand.

Windspiele lassen sich auch um das Haus einsetzen. Im Garten, auf der Terrasse oder dem Balkon neutralisieren sie Geheime Pfeile, die von den Nachbargebäuden ausgehen. Der Fachhandel bietet ein sehr großes Sortiment an: von kleinen, einfachen Windspielen für weniger als zehn Euro bis zum monumentalen Klangwerk für mehrere hundert Euro. Entscheiden Sie sich je nach Einsatzgebiet für Metall- oder Holzröhren. Um ein Übermaß an Wasser-Energie auszugleichen, etwa in feuchten Räumen wie Keller oder Badezimmer, ist Holz unbedingt vorzuziehen, denn nach dem Entstehungszyklus der Fünf Elemente wird Holz von Wasser genährt. Was den Klang angeht, sollten Sie Ihrem persönlichen Geschmack folgen, denn prinzipiell gelten alle Klänge, die von den Röhren eines Windspiels ausgehen, als harmonisierend.

FLÖTEN

Wie auch die klingenden Windspiele gelten Flöten als typisches Feng-Shui-Zubehör. Das hat auch mit ihrer weiten Verbreitung zu tun, denn auch sie haben ein breites Einsatzgebiet: Sie lenken Ener-

Energieableiter
Nützlich sind Flöten vor allem für Zimmer unter einem spitz zulaufenden Dach, denn sie leiten die sich unter dem First sammelnde Energie wieder nach unten zurück.

gieströme, führen sie durch das Zimmer und regulieren »Chi-Autobahnen«, also lang gestreckte Räume, in denen die Energie zu schnell fließt. Es ist üblich dabei, Flöten meist paarweise anzubringen. Die beste Stelle für Flöten befindet sich über der Eingangstür eines Zimmers. Sie werden V-förmig mit dem Mundstück nach oben angeordnet.

KLANGSCHALEN

Die aus aufwändigen Metall-Legierungen oder Bergkristallen hergestellten asiatischen Klangschalen erzeugen Töne, denen man sich kaum entziehen kann. Im Feng Shui werden sie dazu verwendet, etwa beim Einzug in eine andere Wohnung, die Räume und deren künftige Bewohner durch Harmonisierung der Schwingungen aufeinander einzustimmen. Dazu wird die Klangschale angeschlagen und langsam, während ihr sehr lang anhaltender Ton erklingt, durch die Wohnung oder das Haus getragen. Die Schalen sind jeweils auf verschiedene Töne abgestimmt, wobei jeder Ton einen bestimmten Lebensbereich betrifft. Das Fis mit der Frequenz von 184 Hertz beispielsweise aktiviert Energien, die den Bagua-Zonen Reichtum, Ruhm oder Karriere entsprechen. Klangschalen in A (221 Hertz) fördern alle Aktivitäten, die mit Familie und Gesundheit verbunden sind. Regenerierende Kräfte wiederum werden vom Ton Gis (207 Hertz) geweckt und gefördert.

FÄCHER

Fächer waren sowohl im alten China als auch in Europa über lange Zeit weit verbreitete Accessoires. In China gehörte der Besitz eines Fächers zu den Privilegien des gehobenen Beamtentums, was vor allem im subtropischen Süden des Landes auch über die Funktion des Statussymbols hinaus den praktischen Zweck hatte, dem Benutzer frische, kühle Luft zuzufächeln. In Europa wird der Fächer eher Frauen zugeordnet, auch sie dokumentieren mit dem Fächer ihre gehobene soziale Stellung – schließlich kann niemand mit einem Fächer in der Hand arbeiten. Er ermöglicht auch ein kokettes Versteckspiel zum Anbahnen eines Flirts. Als Feng-Shui-Hilfsmittel in der Wohnung eingesetzt, fächelt er den Chi-Strom in die von den Bewohner gewünschte Richtung. Zudem kann ein träger Energiefluss mit einem Fächer beschleunigt werden. Beim Anbringen ist darauf zu achten, dass die Energie parallel zu den Speichen des Fächers fließt. Um in den Raum hineinwirken zu können, muss der Fächer also in einer schrägen Position angebracht sein.

KRISTALLE

Kristalle aus Glas oder natürliche Bergkristalle gehören zu den beliebtesten Feng-Shui-Hilfsmitteln überhaupt. Wenn sie im Fenster aufgehängt werden, bricht sich das Licht der Sonne in ihnen und das gesamte Farbspektrum des Regenbogens erfüllt den Raum. Diese Lichtstrahlen zeigen sehr anschaulich, wie auch die auf den Kristall einströmende Energie geteilt wird und im Raum verströmt, nachdem sie den Kristall durchquert hat.

Andererseits wirkt ein Kristall vor dem Fenster wie ein Windspiel: Energie, die zu schnell entweicht, wird von ihm zurückgehalten. Auch einen Spiegel über der Toilettentür kann ein Kristall ersetzen. Der kantige Kristallschliff hat allerdings auch Einschränkungen für die Hausbewohner zur Folge: Er sendet Schneidendes Chi aus und sollte deshalb wirklich nur dort eingesetzt werden, wo sich Menschen nicht für längere Zeit in unmittelbarer Nähe des Kristalls aufhalten müssen.

EDELSTEINE UND HALBEDELSTEINE

Wie Kristalle verkörpern auch Edelsteine die machtvolle und positive Erde-Energie, denn die Steine entstanden vor vielen Jahrtausenden unter ungeheurem Druck im Inneren der Erde. Diese Energie wohnt nun den Steinen inne. Je nach Form und Farbe des Edelsteins und seinem Platz in den verschiedenen Funktionsbereichen lassen sich damit sehr unterschiedliche Wirkungen erzielen. Die Größe des Minerals spielt dabei jedoch keine Rolle. Wenn Sie mit Hilfe von Edelsteinen vorhandenes Chi verstärken wollen, sollten Sie bei deren Einsatz sehr viel Umsicht walten lassen. In den Bereichen Ihrer Wohnung oder Ihres Hauses, wo Sie Edelsteine einsetzen, sollte bereits ein ausschließlich positives Chi geschaffen sein, denn andernfalls besteht die Gefahr, dass auch schlechte Energien mitverstärkt werden.

Grundsätzlich sind die dem Erde-Element zugeordneten Himmelsrichtungen, also der Nordosten, der Südosten und das Zentrum, als Einsatzorte für Edelsteine gut geeignet. Wie auch bei allen anderen Einrichtungsgegenständen gilt im Feng Shui für Edelsteine: Kugeln oder eiförmige Steine sind Yin und wirken entspannend und beruhigend, spitze Steine oder auch Edelsteine mit Kristallschliff haben einen stärkeren Yang-Charakter und fördern damit die Aktivität. Die Zuordnung der einzelnen Edelsteinsorten folgt den Eigenschaften der neun Bagua-Zonen: Wenn Sie den Eindruck haben, Sie benötigen Förderung in einem bestimmten Lebensbereich, so legen Sie einen entsprechenden Edelstein in den zugehörigen Bereich des Zimmers.

EDELSTEINE IM BAGUA-DIAGRAMM

Zone 1: Rosafarbene Edelsteine (Rosenquarz, rosa Turmalin).

Zone 2: (milchigweißer Mondstein, brauner Rauchquarz).

Zone 3: Blaugrüne Edelsteine (Aquamarin, Sodalith).

Zone 4: Gelbe Edelsteine (Citrin, Topas).

Zone 5: Dunkelblaue, rote Edelsteine (Amethyst, Lapislazuli).

Zone 6: Grüne Edelsteine (Malachit, grüner Turmalin).

Zone 7: Rote Edelsteine (Karneol, Granat, Blutstein).

Zone 8: Türkisfarbene Edelsteine (Türkis, Amazonit).

Zone 9: Weiße Edelsteine (Diamant, Mondstein).

TIERE

Da jede Bewegung im Haus das Chi verstärkt, trägt natürlich auch die Anwesenheit von Haustieren zur Erzeugung von Energie bei. Das gilt vor allem für Hunde und Katzen, die das Haus ständig durchstreifen und damit für viel Energiefluss sorgen, auch wenn die menschlichen Bewohner nicht im Haus sind. In China mit seinen meist sehr beengten Wohnverhältnissen sind vor allem Vögel beliebt, deren Anteil an der Chi-Bewegung natürlich nicht so groß sein kann wie der größerer Tiere.

Bevor Sie ein Tier kaufen, sollten Sie und Ihre Familie jedoch gründlich prüfen, ob Sie einem Tier den angemessenen Lebensraum bieten können. Informieren Sie sich daher bei einem Fachhändler, welche Bedürfnisse das Tier Ihrer Wahl hat. Sie sollten stets bedenken, dass Tiere viel Zeit brauchen, in der Sie sich mit ihnen beschäftigen. Das beste Beispiel ist ein Hund, mit dem Sie mehrmals täglich spazieren gehen müssen. Die positive Wirkung, die ein Haustier haben kann, schlägt, wenn es nicht gepflegt wird, in ihr Gegenteil um. Ähnliches gilt, wenn Sie von vornherein kein Verhältnis zu Tieren finden, sich von Haustieren eigentlich in Ihrer Wohnsphäre gestört fühlen oder Sie der Anblick von Vögeln im Käfig deprimiert.

DIE TIERE DES BAGUA

Jeder Bagua-Zone ist ein Tier zugeordnet, die den himmlischen Tieren der Formenschule entsprechen und nicht nur im Außenbereich des Hauses berücksichtigt werden können. Die Chinesen benutzen die Tiersymbole auch, um die einzelnen Wohnbereiche zu stärken.

Zone 1, Karriere (Süden): Phönix
Zonen 2, 6, 7, Hilfreiche Menschen, Kinder, Beziehung (Osten): Tiger
Zonen 3, 4, 8, Wissen, Familie, Wohlstand (Westen): Drache
Zone 5 (Zentrum): Schlange
Zone 9, Ruhm (Norden): Schildkröte

TIERFIGUREN

Viele Tiere, gleichgültig ob real oder Fabelwesen, sind in China Glückssymbole. Tiere gelten als Wesen, die über viele überlegene Eigenschaften und Fähigkeiten verfügen. Diese Merkmale kann sich der Mensch, auch in symbolischer Form, zunutze machen: Tiere verleihen Kraft, schützen vor schlechten Energien oder harmonisieren gegensätzliches Chi. Daher wurden ihre Abbilder in Stein oder

Der Drache ist ein kraftvolles chinesisches Symbol, das schon in der alten Formenschule des Feng Shui verwendet wurde. Figuren aus Stein, Metall oder Holz schützen oft als Wächter den Hauseingang.

Drachen
In China wurden stets zwei Arten von Drachen dargestellt: normale mit vier Zehen und solche mit fünf Zehen, die den Kaiser symbolisierten und diesem vorbehalten waren.

Metall früher als Wächter vor Tore aufgestellt. In der »Verbotenen Stadt« in Peking sind beispielsweise auf allen Dachfirsten Reihen verschiedener Tiere zu finden. Auch die Zuordnung von Tieren kann nach den neun Zonen des Bagua vorgenommen werden.

Drache

Der Drache ist das typische Tiersymbol des chinesischen Brauchtums. Schon früheste archäologische Funde auf chinesischem Boden weisen darauf hin, dass hier der Drache, im Gegensatz zur abendländischen Mythologie, als Symbol des Glücks verehrt wurde. Während er im Westen eine Bedrohung, gar das Böse an sich verkörpert, ist er im Osten ein ausgesprochen gutartiges Tier, das Weisheit und Stärke repräsentiert. Als eines der Tiere der Formenschule des Feng-Shui steht er im Osten und damit in der Himmelsrichtung des Sonnenaufgangs. Seine große Energie steht für das Gelingen großer Vorhaben sowie für Wohlstand und Glück.

Phönix

Nach alten Sagen ist der Phönix ein geheimnisvoller Vogel, der alle hundert Jahre von Indien nach Ägypten fliegt, um sich zu verbrennen und anschließend aus der Asche wieder zu neuem Leben zu erheben. In der antiken Sagenwelt Europas ist das Mischwesen aus Fasan und Adler ein Symbol für Erneuerung, Auferstehung und ewiges Leben. Chinesen sehen ihn als das Tier des Windes, das aus dem Yang-betonten Süden energiereiche Strömungen bringt. Sein Platz nach der Formenschule ist vor dem Haus. Im Haus können Sie mit einer Phönix-Figur die südlichen Kräfte sammeln.

Schildkröte

In der Formenschule symbolisiert sie den schützenden Bereich hinter dem Haus. Sie hat für die Lehre des Feng Shui eine besondere Rolle, denn der Überlieferung nach war es ein Schildkrötenpanzer, auf der ein Bagua-Diagramm erstmals erschien.

Löwe

Neben den Tieren der Formenschule spielen im Feng Shui weitere Tiere eine Rolle, dazu zählen Löwen und Delphine. Nach westlichem Verständnis ist der Löwe ein Zeichen von Majestät und Herrschertum. Im Fernen Osten erfüllt er eher die Wächterfunktion. Meistens treten Löwen paarweise auf – das männliche Tier hält eine Kugel zwischen den Pfoten, das weibliche ihr Junges – und flankieren die Eingänge von wichtigen Gebäuden wie Tempel, aber auch von herrschaftlichen Wohnhäusern. Wenn Sie über ein größeres Haus mit repräsentativem Zugang verfügen, können Sie sich mit Skulpturen die schützenden Eigenschaften des Löwen zunutze machen.

Delfine

Delfine sind Tiere von außerordentlich gutem Ruf: Ihre Physiognomie wirkt auf den Menschen stets freundlich, sie sind sowohl verspielt und untereinander gesellig, suchen aber auch die Nähe des Menschen. Eine Delfin-Plastik fördert daher Kommunikation und Freundschaft. Diese Wirkung entfaltet sich besonders, wenn die Skulptur im Bereich »Hilfreiche Menschen« aufgestellt wird. Aufgrund Ihrer hohen Intelligenz sind Delfin-Darstellungen aber auch im »Wissen«-Bereich gut platziert. Das Abbild zweier spielender Delfine ist vor allem für den Sektor »Beziehung« gedacht, denn es hat fördernde Wirkung auf Partnerschaften.

Die freundliche Ausstrahlung von Delfinen, die heute sogar therapeutisch genutzt wird, ist im Feng Shui schon länger bekannt. Delfine stehen für Kommunikation und Freundschaft.

EINE ORIENTIERUNGSHILFE

All das zeigt, dass Feng Shui kein Regelwerk mit vorgeschriebenen Gestaltungsmöglichkeiten ist. Im Gegenteil: Die Regeln sind lediglich Orientierungshilfen, die Ihnen die Möglichkeit eröffnen, Ihr unmittelbares Umfeld nach Ihren eigenen Bedürfnissen zu gestalten. Fordern Sie dabei nicht zu viel von sich oder Ihrer Umgebung. Wenn alles schon so läuft, wie Sie es sich vorstellen, sollten Sie sich Ihre Probleme auch nicht herbeireden. Wo Sie aber den Eindruck haben, etwas verändern zu müssen, kann Ihnen Feng Shui entscheidende Hinweise geben.

Wie Sie gesehen haben, bietet die Vielzahl der Farben, Formen und Hilfsmittel für jeden Geschmack die passende Gestaltungsmöglichkeit. Mit der Verstärkung positiver und der Abschwächung negativer Einflüsse können Sie gleichzeitig auch viel für das häusliche Ambiente tun und erfahren Anregungen für die dekorative Verschönerung von Wohnung und Garten. Allein das sorgt schon für mehr Wohlbefinden.

Aber Feng Shui ist natürlich nicht nur eine ausgefeilte Methode für Innenarchitektur und Dekoration. Die Beschäftigung mit der eigenen Wohnumgebung zieht auch die Beschäftigung mit sich selbst nach. Feng Shui kann Ihnen also auch dabei helfen, etwas über sich selbst herausfinden und Vorlieben zu entdecken, über die man bisher noch gar nicht nachgedacht hat.

Sie müssen sich nicht mit den ungünstigen Einflüssen Ihrer Wohnumgebung abfinden, sondern können viel dagegen tun. Wer immer wieder seine Umgebung für sich verbessert, wer sagen kann, dass er sich in seinem Zuhause geborgen fühlt und wer merkt, dass alles um einen herum die eigene Persönlichkeit unterstützt, der hat etwas gewonnen, das mit keinem Geld der Welt zu kaufen ist.

Es wird Zeit, dass wir wieder lernen, auf unsere Intuition zu hören und unsere Aufmerksamkeit mehr auf die eigenen Bedürfnisse zu richten. Feng Shui kann uns dabei helfen, uns ein bisschen mehr Zeit für uns selbst und unsere Umgebung zu nehmen sowie das Augenmerk einmal auf uns selbst statt nach außen zu richten. So können wir in uns gehen und uns fragen, wie wir uns in unserer Umgebung fühlen und was wir besser machen könnten.

Die Erprobung der Anregungen, die Sie in diesem Buch finden, ist ein fortwährender Prozess bis Sie für sich das Beste herausgefunden haben. Probieren Sie es einfach aus und seien Sie neugierig darauf, wie sich Ihr Leben verändert.

BIBLIOGRAPHIE

Feng Shui Grundlagen

Bradler, Christine M. Feng Shui Ratgeber. Ein Lexikon von A bis Z. Darmstadt: Schirner Verlag, 2004

Fröhling, Thomas/Katrin Martin. Feng Shui heute. München: Mosaik-Verlag, 2000

Hartig, Klaus-Dieter/Zhang, Xia. Feng Shui. Positive Lebensenergie durch die richtige Raumgestaltung. München: Midena Verlag, 1998

Sator, Günther. Feng Shui Leben und Wohnen in Harmonie. München: Gräfe und Unzer Verlag GmbH, 1997

Too, Lillian: Das große Buch Feng Shui. Königswinter: Könemann Verlagsgesellschaft in der Tandem Verlags-Gmbh, 2002

Walters, Derek. Feng Shui. Kunst und Praxis der chinesischen Geomantie, Zürich: Astrodata Verlag, 1991

Feng Shui Praxis

Berger, Karola. Leben mit Feng Shui. München: Ludwig Buchverlag,1998

Faber, Ronald. Die Acht Ideale des Feng Shui. Selbst mit dem Bagua arbeiten. Amsterdam: IRIS Verlag, 2001

Fröhling, Thomas/Martin, Katrin. Wohnen mit Feng Shui. München: Goldmann-Verlag, 1997

Lazenby, Gina. Inneneinrichtung nach Feng Shui. München: Callwey Verlag, 2001

Mende, Gudrun. Farbe und Feng Shui. Raumgestaltung mit den fünf Elementen. München: Callwey Verlag, 2003

Seipel, Hedwig. Der Feng Shui Kompass. Darmstadt: Schirner Verlag, 2004

Weiterführende Literatur

Albert, Volker/Baillieu, Edith. Feng Shui im Spiegel der Persönlichkeit. Aitrang: Windpferd Verlagsgesellschaft mbH, 2000

Brown, Simon, Das große Buch der Feng Shui Astrologie. Wien: Tosa 2004

Engelke, Regina. Feng Shui im Garten. Stuttgart: Verlag Eugen Ulmer, 2005

Englebert, Clear. Bedroom Feng Shui. Das richtige Bett. Erholsamer Schlaf. Reinbek: Rowohlt Taschenbuch, 2003

Faber, Ronald. Feng Shui für Seminar- und Arbeitsräume. Amsterdam: IRIS Verlag, 1999

Gerstung, Wilhelm/Mehlhase, Jens. Das große Feng-Shui Gesundheitsbuch. Aitrang: Windpferd Verlagsgesellschaft mbH, 2000

Hsu, Shan-Tung. Feng Shui für die Liebe. München: Droemer Knaur, 2006

Lipczinsky, Margrit/Boerner, Helmut. Büro, Mensch und Feng Shui. München: Callwey Verlag, 2000

Pap, Robert: Feng Shui. Harmonie im Garten. Garten-Feng Shui praktisch und leicht verständlich. Stuttgart: Kosmos Verlag 2006

Sator, Günther. Feng Shui für jeden Garten. München: Gräfe und Unzer Verlag GmbH, 1998

Schwarz, Georgia. Gartenharmonie mit Feng Shui. Garten, Balkon und Terrasse optimal gestalten. Köln: Naumann & Göbel, 2000

Too, Lillian. Feng Shui der Liebe. 168 traditionelle Wege zu mehr Glück und Zufriedenheit. München: Gräfe und Unzer Verlag GmbH, 2002

Weidner, Christopher. Feng Shui gegen das Gerümpel im Kinderzimmer. Raum schaffen – Talente fördern. Reinbek: Rowohlt Taschenbuch, 2004

REGISTER